ACCESO GRATIS *a la Lectura en la Nube*

Para visualizar el libro electrónico en la nube de lecture envíe junto a su nombre y apellidos una fotografía del código de barras situado en la contraportada del libro y otra del ticket de compra a la dirección:

ebooktirant@tirant.com

En un máximo de 72 horas laborales le enviaremos el código de acceso con sus instrucciones.

LA INTERPRETACIÓN Y APLICACIÓN JUDICIAL DE LOS DERECHOS HUMANOS

Memoria del Coloquio Hispanoamericano de Filosofía del Derecho 2022

LA INTERPRETACIÓN Y APLICACIÓN JUDICIAL DE LOS DERECHOS HUMANOS

Memoria del Coloquio Hispanoamericano de Filosofía del Derecho 2022

RAFAEL CABALLERO HERNÁNDEZ
RAMÓN ORTEGA GARCÍA
(Coordinadores)

tirant lo blanch
Ciudad de México, 2023

Esta obra pertenece a la Colección Editorial Rumbo al Bicentenario. Centro de Investigaciones Judiciales de la Escuela Judicial del Estado de México. Calle Leona Vicario núm. 301, Col. Santa Clara C.P. 50090, Toluca, Estado de México Tel. (722) 167 9200, Extensiones: 16821, 16822, 16804. Página web: http://www.pjedomex.gob.mx/ejem/

Editor responsable:

Dr. Juan Carlos Abreu y Abreu

Director del Centro de Investigaciones Judiciales

Editora ejecutiva:

L. en D. María Fernanda Chávez Vilchis

Equipo editorial:

L. en D. Jessica Flores Hernández

L. en D. Orlando Aramis Aragón Sánchez

Diseño de portada:

Coordinación General de Comunicación Social

del Poder Judicial del Estado de México

La edición y el cuidado de esta obra estuvieron a cargo del Centro de Investigaciones Judiciales del Poder Judicial del Estado de México.

© TIRANT LO BLANCH
DISTRIBUYE: TIRANT LO BLANCH MÉXICO
Av. Tamaulipas 150, Oficina 502
Hipódromo, Cuauhtémoc,
CP 06100, Ciudad de México
Telf: +52 1 55 65502317
infomex@tirant.com
www.tirant.com/mex/
www.tirant.es
ISBN: 978-84-1197-334-2
MAQUETA: Innovatext

Si tiene alguna queja o sugerencia, envíenos un mail a: atencioncliente@tirant.com. En caso de no ser atendida su sugerencia, por favor, lea en www.tirant.net/index.php/empresa/politicas-de-empresa nuestro Procedimiento de quejas.

Responsabilidad Social Corporativa: http://www.tirant.net/Docs/RSCTirant.pdf

AUTORES

JUAN ANTONIO GARCÍA AMADO

ROBERTO LARA CHAGOYÁN

FRANCISCO M. MORA- SIFUENTES

JOSEP JOAN MORESO

PABLO ARIEL RAPETTI

GERMÁN SUCAR

ALEXANDRE TRAVESSONI GOMES TRIVISONNO

Índice

II. LA APLICACIÓN JUDICIAL DE LOS DERECHOS HUMANOS: LA POSIBLE CORRECCIÓN

III. CONFLICTOS ENTRE DERECHOS CONSTITUCIONALES Y MANERAS DE RESOLVERLOS

PRESENTACIÓN

Los derechos humanos constituyen la piedra angular de cualquier sociedad que tiene como principal virtud la justicia. Por ese motivo, su protección y aplicación efectiva son cruciales para garantizar la dignidad y la libertad de los individuos que integran su tejido social. Bajo este razonamiento, la interpretación de los derechos humanos en sede judicial desempeña un papel esencial, pues mediante esta herramienta se puede determinar la extensión y alcance real de los derechos bajo situaciones y contextos específicos. Si a esto se suma la filosofía del derecho, se abren posibilidades amplias de desenvolvimiento dentro de un marco teórico esencial que consiente una adecuada interpretación a las y los jueces para aplicar los principios fundamentales de manera coherente y justa.

Por ello, durante tres apasionados días, a través de un ejercicio intelectual que tuvo como propósito reunir a destacados filósofos, se celebró el *1er Coloquio Hispano-Americanos de Filosofía del Derecho*, para explorar y discutir de manera conjunta una colección de tópicos álgidos y controvertidos del pensar iusfilosófico contemporáneo. Esta obra sirve de memoria para preservar las ideas, opiniones y argumentos vertidos en este coloquio.

Las voces que dieron forma y estructura a cada una de las conferencias magistrales impartidas, permiten que esta obra se divida en tres partes: *i) Reglas y principios; ii) La aplicación judicial de los derechos humanos: la posible corrección; y, iii) Conflictos entre derechos constitucionales y maneras de resolverlos.* Cada sección se inaugura con las contribuciones de grandes pensadores, las que, a su vez, serán objeto de análisis en capítulos subsecuentes mediante comentarios, críticas o reflexiones, donde se ahonda en las ideas vertidas en sus exposiciones.

Las reflexiones aquí expuestas encuentran su génesis en la dinámica evolutiva de los derechos humanos, pues nos exigen un adecuado equilibrio entre la aplicación de la norma —en sede judicial— y la incorporación de la filosofía del derecho. Quienes integran la función jurisdiccional tienen el deber de sumergirse en debates filosóficos que contribuyan a esclarecer la naturaleza y propósito de los derechos, generar interpretaciones versátiles que reflejen los cambios acaecidos en la sociedad y la percepción de aquello que se pronuncia como justicia, así como adoptar enfoques reflexivos y contextualizados para evitar interpretaciones meramente formalistas y abordar las complejidades éticas y sociales de cada caso. Estas actividades traerán aparejadas —inevitablemente—un sistema de justicia más robusto y coherente para la ciudadanía.

Incentivar enfoques más filosóficos permite la adaptación de los derechos a las cambiantes realidades sociales y garantiza la aplicación y protección de los derechos. En última instancia, este libro pretende contribuir a la construcción de una sociedad más justa y respetuosa de la dignidad humana, bajo una premisa simple pero ambiciosa: la justicia no puede ser ciega, debe ser sensible a las realidades humanas y a la diversidad de experiencias que la forman.

Expreso mi gratitud por la dedicación y esfuerzo de quienes, acertadamente, enriquecen las páginas de esta obra, pues sus aportaciones son fundamentales para el entendimiento de estos temas, su compromiso y experiencia no solo ha sido evidente, sino también esencial para obtener este resultado. Asimismo, mi reconocimiento al equipo editorial que, como siempre, logran dar forma a las ideas y transformarlas en tinta y papel. Espero que lo aquí plasmado, trascienda fronteras y sirva de reflexión para muchos.

Ricardo A. Sodi Cuellar
Magistrado Presidente del Tribunal Superior de Justicia y del Consejo de la Judicatura del Estado de México

PRÓLOGO

Las páginas de este libro contienen las ponencias que se presentaron en el Coloquio Hispano-Americano de Filosofía del Derecho: "La interpretación y aplicación de los derechos humanos en sede judicial" celebrado por el Centro de Investigaciones Judiciales de la Escuela Judicial del Estado de México, los días 5, 6 y 7 de septiembre de 2022. Los textos han sido agrupados siguiendo el programa del evento. El resultado es una obra dividida en tres partes: la primera, "Reglas y principios", reproduce la conferencia magistral impartida por Juan Antonio García Amado, catedrático de Filosofía del Derecho de la Universidad de León, y los comentarios vertidos en torno a ella por Roberto Lara Chagoyán, profesor del Tecnológico de Monterrey, campus Santa Fe, y Alexandre Travessoni Gomes Trivisonno, profesor de la Universidad de Minas Gerais. La segunda parte del libro, "La aplicación judicial de los derechos humanos: la posible corrección", contiene la conferencia magistral de Gomes Trivisonno y la correspondiente réplica a cargo de Francisco M. Mora-Sifuentes, profesor de la Universidad de Guanajuato. Y la tercera y última, "Conflictos entre derechos constitucionales y maneras de resolverlos", abarca la conferencia de José Juan Moreso, catedrático de Filosofía del Derecho de la Universidad Pompeu Fabra, y las respuestas y observaciones de Germán Sucar y Pablo Ariel Rapetti, ambos profesores del ITAM.

El hilo conductor del coloquio fue el tema de la ponderación, respecto del cual mucho se ha escrito dada su polémica naturaleza y alrededor del cual existe poco (o muy poco) consenso entre los especialistas. Parece que es uno de esos tópicos, entre tantos otros en el campo del Derecho, que siguen y previsiblemente seguirán llamando la atención de profesionales y curiosos. El debate, sin duda, ha sido impulsado por aquellas posiciones críticas que ponen el acento en las consecuencias de adoptar esta técnica argumentativa para resolver los conflictos entre derechos humanos o fundamentales, dando como resultado que las visiones originales de sus defensores se reformulen y, en algunos casos, se atenúen. Dentro del mundo latino de la Filosofía del Derecho, quien más ha arremetido en contra del también llamado "balanceo" es Juan Antonio García Amado, y eso lo podemos constatar en su amplia bibliografía publicada hasta ahora y que en conjunto define la posición escéptica que adhiere frente a la posibilidad de que los derechos humanos sean considerados como principios ponderables.[1] Este es el enfoque que podríamos llamar "anti ponderación". El texto de la conferencia que aquí se incluye, de hecho, constituye un buen ejemplo de dicha postura. García

1 Cabe mencionar que Juan Antonio ha desarrollado sus puntos de vista sobre la ponderación en abierta polémica con Manuel Atienza, prolongándose el debate entre ambos por más de una década. La parte fundamental del intercambio está contenida en la obra: Atienza, Manuel y Juan A. García Amado, *Un debate sobre la ponderación*, Palestra, Temis, Lima-Bogotá, 2012. Ya hay una nueva edición de este importante libro, el cual incorpora textos sobre el positivismo jurídico y la objetividad de la moral y su relación con el Derecho: *id.*, *Debates iusfilosóficos. Sobre ponderación, positivismo jurídico y objetivismo moral*, Palestra, Lima, 2021. También véanse los siguientes trabajos del catedrático de la Universidad de León, no incluidos en las obras recién referidas: "Ponderación y subsunción: ¿son intercambiables y se eligen a conveniencia?", en Ortega García, Ramón (coord.), *Teoría del derecho argumentación jurídica: ensayos contemporáneos*, Tirant lo Blanch, Valencia, 2013, pp. 363-395; y "Argumentación, ponderación y derechos", en Ortega García, Ramón (coord.), *Interpretación y argumentación jurídica en el Estado constitucional*, Tirant lo Blanch, México D.F., 2015, pp. 113-137; así como los libros: *Decidir y argumentar sobre derechos*, Tirant lo Blanch, Ciudad de México, 2017; y *Teoría de la decisión judicial. Subsunción, argumentación, ponderación*, Universidad Libre, Bogotá, 2017.

Amado toma como parámetro del método ponderativo el modelo de Alexy que considera que los derechos son principios entendidos como mandatos de optimización, es decir, exigencias que se deben cumplir en la mayor medida posible dadas las condiciones fácticas y jurídicas del caso. Las críticas del profesor español van dirigidas contra este esquema alexyano que es el más extendido en Latinoamérica, no sólo a nivel académico, sino también entre las propias cortes constitucionales.[2] En realidad, el núcleo de la objeción apunta al dato de que así concebidos, los derechos/principios, muchos de los cuales están consagrados a nivel constitucional, no estarían siendo tomados en serio. El principio o derecho a no ser torturado, por ejemplo, bajo el esquema de los mandatos optimización, debería procurarse todo lo que se pudiese, pero, eventualmente, a la luz del caso concreto, podría ser derrotado por exigencias basadas en razones de seguridad nacional (o de otro tipo). Y esto, bajo una concepción liberal como la que parece asumir García Amado, es inaceptable. Los derechos humanos deben entenderse como reglas imperativas, exigibles sí o sí, es decir, sin excepciones ni salvedades. Y si el principio o derecho a no ser torturado está prescrito en la Constitución, entonces con mayor razón, porque en caso contrario, si la fuerza del derecho quedara al arbitrario del juez o del operador de justicia que le dispensa el trato de un mandato sujeto a ponderación, entonces la propia fuerza de la Constitución quedaría vaciada: sus normas protectoras de derechos serían algo parecido a un elenco de buenos deseos, pero no más. Y esto no es todo: la lógica de la ponderación, si hemos comprendido bien a García Amado, daría a los tribunales constitucionales un poder excesivo, pues serían ellos los úl-

---

2 Véase Atienza, Manuel, "*A vueltas con la ponderación*", en Manuel Atienza y Juan A. García Amado, *Un debate sobre la ponderación…*, *op. cit.*, pp. 9-37, *passim.*

timos decisores de los derechos de todos los ciudadanos; esto es, ya no el legislador democrático y representante del pueblo, sino los propios magistrados, erigidos en "supremo poder del Estado", en "emperadores instalados por encima del pensar y el creer de los ciudadanos" y, en definitiva, en "señores" de la propia Constitución. De cualquier modo, si algo ha demostrado nuestro amigo catedrático de la Universidad de León en este y otros escritos similares, es su gran poder persuasivo; su gran capacidad para llevarnos a la reflexión y al replanteamiento de nuestros primeros juicios. Sin embargo, en un ámbito académico siempre es posible preguntarnos si las cosas realmente tienen que ser así. Y en este caso en particular, hay que decirlo, Lara Chagoyán y Gomes Trivissono han venido a decirnos precisamente que las cosas no son como las pinta García Amado. El primero, quien reconoce su gran deuda con Atienza, ya que en él basa primordialmente los argumentos de su respuesta, afirma que aquél tendría razón si todos los principios fueran entendidos a la manera de Alexy; sin embargo, hay que distinguir diferentes clases de principios y no todos, añade, vendrían a ser mandatos de ese tipo; tal cualidad, siendo honestos, sólo le correspondería a las llamadas directrices o normas programáticas que establecen la obligación de procurar ciertos objetivos socialmente valiosos. Los demás, en sentido estricto, serían normas categóricas. Además, según Lara Chagoyán, la crítica de García Amado tendría que entenderse en un contexto distinto que, a la postre, llevaría a restarle gran parte de su fuerza destructora, y la razón es que malinterpreta el rol de este tipo de principios en el Derecho y en la práctica jurisdiccional: porque lo cierto, dice Lara, al menos si se considera el caso de la corte suprema mexicana y desde su experiencia como secretario de estudio y cuenta del ministro Cossío, "son pocas las veces en las que realmente nos encontramos con los principios en la praxis jurídica", siendo en cambio las reglas y la subsunción las herramientas usualmente utilizadas para resolver la vasta mayoría de los casos judiciales. Por otra parte, Gomes Trivissono, deudor a su vez de la escuela alexyana, nos provoca desde el inicio con el argumento de que García Amado ha entendido de una forma totalmente errónea la doctrina del gran filósofo de Kiel, pues es falso, según él, que Alexy haya considerado que todos los derechos humanos previstos en la Constitución sean principios; hay derechos que son reglas y sólo los que son principios actúan como mandatos de optimización. El derecho a no ser torturado, por ejemplo, es una regla taxativa, por lo que no tiene excepciones, y esto lo dijo el propio Alexy; luego, afirmaciones como las de García Amado, que carecen de fundamento aparente, hacen que la conclusión de Gomes Trivissono sea en el sentido de que el catedrático español se ha inventado una teoría *ad hoc*, adjudicándosela a Alexy, para hacerla blanco de sus críticas, pero tal posicionamiento, en realidad, no pasa de ser un mero simulacro.

Bueno, en la segunda parte del libro, el propio Gomes Trivissono nos ofrece su perspectiva personal sobre la aplicación de los derechos humanos o, mejor dicho, derechos humanos nacionales e internacionales según hayan sido positivizados por el Derecho nacional o internacional, respectivamente. Dado que los tribunales aplican normas jurídicas positivas y no de otro tipo, la aplicación de los derechos humanos en sede judicial no puede significar sino la aplicación de esos mismos derechos en el marco de los procesos jurisdiccionales en los que intervienen. Ahora bien, dada la generalidad en la que están formulados los derechos y dado que es posible que entren en conflicto unos con otros, su aplicación práctica comporta como principal problema el de la discrecionalidad judicial. ¿Cómo contenerla? Este es un asunto que preocupa a Trivissono. En oposición a las posturas antagónicas de Kelsen y Dworkin sobre la aplicación judicial del Derecho, la primera por dejar amplios espacios al libre arbitrio del juez y la segunda por ser irrealizable, Gomes Trivissono se apoya en la teoría de la deferencia al legislador democráticamente legitimado para proponer que el juez (queriendo decir el juez constitucional) posee una discrecionalidad limitada, epistémica, en el sentido de que su actuar debe entenderse sometido a la Constitución y a las demás normas que de ella emanan, aunque a veces el conocimiento sobre lo que una y otras determinan sea incompleto: "En estos casos -dice-, el juez no puede introducir nuevos argumentos basados en discursos ético-políticos y pragmáticos que no hayan pasado por el tamiz de la legislatura [sino que] debe buscar la mejor interpretación de la ley y de la Constitución, pero sin ir más allá"; es decir, debe buscar la única respuesta correcta como idea regulativa. Ante tales argumentos, Mora-Sifuentes, en su réplica, coincide con Gomes Trivissono en la importancia que en la actualidad tiene la teoría principialista como método predominante en la adjudicación de los derechos humanos positivizados. Pero cree, con toda justificación, que no ha sido inerme a las críticas (externas), centradas, eso sí, en la *par destruens* y no en su opuesta, la parte constructiva de una teoría alterna. Y desde el punto de vista interno a la misma propuesta de Alexy, añade Mora-Sifuentes, su principal problema sería la hipersofisticación de su discurso, la cual lo ha vuelto complejísimo para propios y extraños, pues incluso a los propios teóricos del Derecho, ahora, "les resulta difícil seguir las discusiones que han tenido lugar en el seno de la segunda escuela de Kiel", advirtiendo como resultado una escolastización que merma la simplicidad y la comprensión de la teoría.

En la última parte del libro, José Juan Moreso, frente al enfoque subsuntivo tradicional y en oposición a la teoría particularista de Alexy, plantea una tercera vía para ponderar derechos. Esta propuesta es denominada "especificacionista" y se trata de una concepción que el autor ha venido desarrollando a lo largo de los últimos años.[3] Lo que hace el especificacionismo es incorporar a su esquema a la ponderación como paso previo a la subsunción, tesis que ha sido defendida también por otros autores.[4] Esto es, bajo este marco, la ponderación de derechos en conflicto daría lugar a una regla que permitiría resolver el caso subsumiendo los hechos en el supuesto normativo y extrayendo la consecuencia prevista en la misma. El procedimiento consta, según Moreso, de cinco etapas, las cuales no habremos de describir en estas líneas. El resultado, por otra parte, será la formulación de una regla general que permita resolver los casos futuros similares, escapando de la ponderación *ad hoc* o particularista de Alexy. En el fondo, lo que el enfoque especificacionista se propone es introducir cierta dosis de racionalidad en la solución de los conflictos entre derechos/principios y controlar, a la vez, la discrecionalidad del operador de justicia. Pues bien, en su correspondiente réplica a Moreso, Sucar se plantea cierta incompatibilidad en la que presumiblemente incurriría el primero al proponer el especificacionismo como forma de resolver los conflictos entre derechos/principios y el positivismo jurídico incluyente que el propio Moreso ha defendido en otros escritos ya publicados.[5] Su tesis central es que "la estrategia especificacionista…, al igual que las demás estrategias rivales con las que la confronta, no puede ser postulada de manera general y *a priori*, esto es, con independencia de la estructura y de la fuerza normativa de los derechos fundamentales en consideración que resulte de una previa tarea de identifica-

3 *Cfr.* Moreso, José Juan, *La Constitución: modelo para armar*, Marcial Pons, Madrid/Barcelona/Buenos Aires, 2009.

4 Véase, por ejemplo, Atienza, Manuel, "*A vueltas con la ponderación*", *op. cit.*, pp. 32-37.

5 *Cfr.* Moreso, José Juan, "En defensa del positivismo jurídico inclusivo", en *La Constitución: modelo para armar, op. cit.*, pp. 183-203.

ción del derecho en un orden jurídico determinado". Fiel a las tesis que Sucar reconoce como núcleo de la doctrina iuspositivista, es decir, la tesis de la no conexión identificatoria entre el Derecho y la moral y la tesis de los límites, ambas concreciones de la tesis de las fuentes sociales, lo que es y no es Derecho depende exclusivamente de hechos sociales complejos sin necesidad de recurrir a valoración alguna. De ahí que, el jurista teórico adepto al positivismo jurídico, que es también la posición de Moreso, no pueda determinar *a priori* y en forma general, cuál es la "mejor" manera de resolver los conflictos entre derechos o principios, sino que esto es algo que estará sujeto a lo dispuesto en las fuentes sociales y, por lo mismo, podrá diferir de un ordenamiento jurídico a otro. Así, existe la posibilidad de que en el ordenamiento jurídico OJ1, la solución de los conflictos entre derechos esté dada de antemano, digamos, mediante la fijación de un orden de prelación entre ellos, mientras que en el ordenamiento jurídico OJ2, la solución se deje en manos del órgano legislativo o del judicial. Para Sucar, en definitiva, Moreso incurre en el error de prescribir cómo deberían resolverse todos los conflictos normativos, confundiendo el plano descriptivo -propio del teórico del positivismo jurídico- con el valorativo, y olvidando además algo que debía ser obvio para cualquier iuspositivista consecuente. Finalmente, Rapetti, desde un posición teórica muy cautelosa, sostiene que el especificacionismo de Moreso sería contradictorio con nuestras intuiciones más básicas sobre cómo interactúan los derechos entre sí, pues estos, dice, presuponen el conflictivismo, y la postura especificacionista "concluye que, en realidad, no hay conflictos entre derechos en sentido estricto". "Considerando -añade- el alcance específico de cada derecho en un aparente conflicto de derechos, resulta que si la especificación de cada uno de ellos para el caso concreto ha sido la adecuada, entonces en realidad no ha habido conflicto: el alcance de uno cubría ese caso y el otro era nada más que una aparente o presunta alternativa, pero no un derecho que en efecto cubría ese caso". Y ocurre que el especificacionismo, a juicio de Rapetti, tampoco podría explicar la intuición que tenemos de que hay una distinción entre violar e infringir un derecho y la consecuencia que de ello se sigue, esto es, el deber de compensar al otro por esa violación o infracción, ni tampoco dar cuenta de los "residuos morales", que son aquellas situaciones que se presentan en los casos trágicos, donde no importa la decisión que se tome respecto de cuál derecho proteger, ya que el resultado será siempre negativo en términos generales; digamos que no habría realmente un ganador, todos perderían y el mundo, tras la decisión, sería moralmente peor.

En fin, no podemos ahondar más en la exposición del contenido de cada uno de los textos que integran este libro; lo visto basta para advertir que la ponderación ha suscitado un amplio disenso entre los miembros de la comunidad académica. Con todo, no es que no haya puntos en común, aunque sean, eso sí, muy básicos; digamos, algunas proposiciones muy elementales o mínimas como, por ejemplo: a) la presencia, en los Estados constitucionales, de principios que protegen derechos; b) la posibilidad de que surjan conflictos entre los derechos protegidos por esos mismos principios; c) el hecho de que el método de la ponderación ha sido propuesto para resolverlos; d) el que la teoría sobre la ponderación que más se ha extendido en el mundo latino de la Filosofía del Derecho (hasta ahora) es la de Robert Alexy; y e) el que la ponderación, si no es objeto de límites, puede conducir a un activismo judicial desmedido e injustificado en un contexto de división de poderes; a partir de aquí, sin embargo, las diferencias sobrevendrían y ellas, creemos, podrían agrupare en tres grandes bloques: rechazo a la ponderación (García Amado), defensa con ciertos matices (Lara Chagoyán, Moreso, Gomes Trivissono) y reformulación de algunas de sus tesis y/o presupuestos (Mora-Sifuentes, Sucar y Rapetti). No queremos concluir estas palabras sin antes agradecer a todos los expositores del Coloquio Hispano-Americano de Filosofía del Derecho que se dieron cita en la Escuela Judicial del Estado de México durante el mes de septiembre de 2022. Foros académicos como este permiten, no sólo debatir e intercambiar puntos de vista, sino también contribuir al avance del conocimiento sobre el Derecho y sus múltiples problemas teóricos y prácticos.

Rafael Caballero Hernández
Ramón Ortega García
Toluca, México, octubre de 2023

I. REGLAS Y PRINCIPIOS

REGLAS Y PRINCIPIOS

Juan Antonio García Amado[*]

Las normas prototípicas que regulan conductas tienen una estructura condicional, con antecedente y consecuente. El antecedente es el supuesto de hecho de la norma y el consecuente es la consecuencia jurídica que la norma prescribe para cuando el antecedente se realiza. El artículo 138 del Código Penal español, que tipifica como delito el homicidio, puede ser entendido perfectamente de este modo:

> Si una persona mata a otra (antecedente), entonces debe ser castigada con pena de diez a quince años.

Muchas normas tienen claramente esta estructura o son fácilmente comprensibles bajo esa estructura. Sin embargo, hay enunciados normativos en los que esa comprensión no parece tan fácil. Veamos algunos de ellos, tomados de la Constitución española —aunque me interesa aclarar que no solo en las constituciones hay enunciados normativos de tal guisa—.

> Artículo 1.1: «España se constituye en un Estado social y democrático de Derecho, que propugna como valores superiores de su ordenamiento jurídico la libertad, la justicia, la igualdad y el pluralismo político».
>
> Artículo 10.1: «La dignidad de la persona, los derechos inviolables que le son inherentes, el libre desarrollo de la per-

---

[*] Doctor en derecho por la Universidad de Oviedo, con premio extraordinario. Académico.
Conferencia disertada el 5 de septiembre de 2022, en la Escuela Judicial del Estado de México.

sonalidad, el respeto a la ley y a los derechos de los demás son fundamento del orden político y de la paz social».

Artículo 18: «Se garantiza el derecho al honor [...]».

Artículo 39.1: «Los poderes públicos aseguran la protección social, económica y jurídica de la familia».

Artículo 44.1: «Los poderes públicos promoverán y tutelarán el acceso a la cultura, a la que todos tienen derecho».

La que seguramente es la teoría del Derecho —y constitucional— más influyente de nuestros días, la de Robert Alexy, proclama que todas las normas jurídicas de cualquier sistema jurídico son, o bien reglas, o bien principios. De eso volveremos a tratar más adelante; baste aquí decir que las reglas vendrían a ser las normas que tienen aquella clara estructura condicional *si... entonces...*, mientras que los principios son mandatos de optimización, normas que señalan que el bien o interés que mencionan debe estar protegido en cada momento en la mayor medida posible y en función de las limitaciones jurídicas y fácticas que puedan concurrir.

Así, la norma contenida en el arriba citado artículo 138 del Código Penal español sería una regla, mientras que los demás enunciados normativos que hemos enumerado y que no tienen esa estructura condicional serían principios. Por ejemplo, la norma del artículo 1.1 de la Constitución significaría que la libertad, la justicia, la igualdad y el pluralismo político deben recabar el máximo grado de protección factible; la del artículo 10 querría decir que hay que amparar la dignidad de la persona o el libre desarrollo de la personalidad lo más que quepa; la del artículo 18 implicaría que el honor debe estar salvaguardado en la mayor medida posible; y la del 44 supondría que debe garantizarse el acceso a la cultura a los ciudadanos tanto cuanto se pueda, etc.

La gran cuestión gira en torno a si, en el caso de todos esos enunciados normativos, resulta posible reconstruir razonable y operativamente un esquema normativo condicional. A primera vista, no parece que sea tan difícil, y más si consideramos el contexto regulativo y la función reguladora de cada norma y si asumimos que la nulidad es un tipo de consecuencia jurídica. Veámoslo:

> Artículo 18 CE: «Se garantiza el derecho al honor [...]».

Reconstrucción con estructura condicional:

> Si determinada acción o norma es contraria al honor, entonces es ilícita y debe ser sancionada.[1]
>
> Artículo 39.1 CE: «Los poderes públicos aseguran la protección social, económica y jurídica de la familia».

Reconstrucción con estructura condicional:

> Si una medida de los poderes públicos es contraria a o incompatible con la protección social, económica o jurídica de la familia, entonces es nula.[2]
>
> Artículo 10.1 CE: «La dignidad de la persona, los derechos inviolables que le son inherentes, el libre desarrollo de la personalidad, el respeto a la ley y a los derechos de los demás son fundamento del orden político y de la paz social».

Reconstrucción con estructura condicional:

> Si una norma o acción es contraria a la dignidad humana [...] entonces es jurídicamente ilícita y normativamente nula.
>
> Artículo 1.1 CE: «España se constituye en un Estado social y democrático de Derecho, que propugna como valores superiores de su ordenamiento jurídico la libertad, la justicia, la igualdad y el pluralismo político».

---

1 Recuérdese que la sanción negativa puede ser tanto el castigo personal como la nulidad normativa.

2 Similarmente, respecto del artículo 44.1 CE.

Reconstrucción con estructura condicional:

> Si una norma o acción es contraria a los contenidos de los valores libertad, justicia, igualdad y pluralismo político, entonces es jurídicamente ilícita y normativamente nula.

Comparemos ahora estos artículos con otros preceptos del ordenamiento jurídico español que, por lo general, no son objeto de tantas discusiones.

> Artículo 7 del Código Civil español: «Los derechos deberán ejercitarse conforme a las exigencias de la buena fe».

Reconstrucción con estructura condicional:

> Si un derecho no se ejercita conforme a las exigencias de la buena fe, entonces no es válido el ejercicio del derecho.
>
> Artículo 1278 del Código Civil: «Los contratos se perfeccionan por el mero consentimiento, y desde entonces obligan, no solo al cumplimiento de lo expresamente pactado, sino también a todas las consecuencias que, según su naturaleza, sean conformes a la buena fe, al uso y a la ley».

Reconstrucción con estructura condicional:

> Si una consecuencia de un contrato es, según su naturaleza, conforme con la buena fe, al uso y a la ley, entonces es obligatoria esa consecuencia; si no, no.

¿Hay alguna razón por la que debamos ver el «principio» de buena fe como un mandato de optimización? No, es una condición normativa impuesta por el Código Civil para el ejercicio de los derechos o el cumplimiento de las consecuencias de los contratos. ¿Vale lo mismo para lo que se dice en la Constitución de la dignidad, la libertad, la justicia, el libre desarrollo de la personalidad, el derecho al honor, el derecho a la cultura? Entiendo que sí y no veo ninguna razón de peso para mantener otra cosa. La Constitución ni indica ni pretende indicar que la dignidad de la persona o el libre desarrollo de la personalidad o el derecho al honor deben estar, en cada caso, protegidos en el mayor grado posible, que es magnífico si lo que se puede es mucho y que es una pena que la protección posible a la vista de las circunstancias del momento no dé, eventualmente, para más. En modo alguno: entenderlo así conduce al desastre.

Nuestras constituciones no marcan la dignidad, la libertad, la justicia o cualesquiera derechos con una especie de umbral móvil o de baremo relativo, sino que determinan que lo indiscutiblemente indigno, injusto, incompatible con el honor de las personas o con el libre desarrollo de la personalidad, etc. es inconstitucional, y nada más. Y si la tortura está constitucionalmente prohibida y lo está por su radical incompatibilidad con la dignidad humana, ello no significa que en cada situación haya que ver o comprobar hasta dónde se puede torturar o no: sencillamente, no se puede torturar porque la Constitución prohíbe sin excepción la tortura y tampoco a base de ponderar o pesar circunstancias o crear conflictos con otros derechos o principios se justifica que se hagan excepciones. No se puede torturar y no hay más que hablar, que pesar o que calcular.

Evidentemente, cuando el Código Civil habla de la buena fe, lo hace recurriendo al uso de una expresión altamente indeterminada que solo será aplicable una vez que su sentido vaya siendo fijado a través de la interpretación y a golpe de jurisprudencia. Las normas que, de acuerdo con la perspectiva teórica de Alexy, son reglas, también están repletas de expresiones semánticamente muy abiertas y absolutamente necesitadas de concreción interpretativa. El artículo 1255 de Código Civil español dispone «Los contratantes pueden establecer los pactos, cláusulas y condiciones que tengan por conveniente, siempre que no sean contrarios a las leyes, a la moral y al orden público». Como puede verse, en el texto de este precepto hay al menos dos expresiones de textura muy abierta: «moral» y «orden público», pero es evidente que eso no convierte dicha norma un principio. Por la misma razón, no tiene por qué ser un principio y ser relativizado en su contenido esencial por vía de ponderación la norma constitucional que dice que todos tienen derecho al honor. No hay que proteger el honor lo que buenamente se pueda, sino que hay que tener por infranqueable el contenido esencial de lo que sea el honor. En caso contrario, hablar de derecho al honor es una broma cruel.

Interpretar es solucionar dilemas interpretativos valorando y decidiendo cuál es la concreción de significado que, en el caso concreto, parece más razonable y conveniente —es decir, qué significan para el caso las expresiones normativas «buena fe», «orden público», «libre desarrollo de la personalidad» o «dignidad»—. Cuando el Tribunal Constitucional alemán declaró inconstitucional la norma legal que permitía el derribo en vuelo de aviones de pasajeros que hubieran sido secuestrados por terroristas para cometer atentados, hizo una interpretación del contenido esencial e indiscutible de la dignidad —primer derecho de cada ser humano— y se dedicó a ponderar si en ese caso eran mejores las razones para protegerla o para que, en cuanto derecho, principio o valor, la dignidad fuera derrotada. Si una ley es incompatible con la dignidad de las personas, entonces es inconstitucional. Y no hay más que hablar. Estructura condicional ciento por ciento. Igual que, si el contenido de un contrato es incompatible con el orden público, entonces es nulo ese contrato. Estructura condicional bien clara.

Pensemos en un ejemplo más. El artículo 9.3 de la Constitución española establece: «La Constitución garantiza el principio de legalidad, la jerarquía normativa, la publicidad de las normas, la irretroactividad de las disposiciones sancionadoras no favorables o restrictivas de derechos individuales, la seguridad jurídica, la responsabilidad y la interdicción de la arbitrariedad de los poderes públicos».

¿Es esta una enumeración de reglas o de principios? Estamos perfectamente acostumbrados a referirnos al «principio» de legalidad, al «principio» de irretroactividad de las normas no favorables o al «principio» de interdicción de la arbitrariedad, entre otros de los que, a partir de dicho artículo constitucional podrían ser denominados principios. ¿Son todos esos principios mandatos de optimización? Si lo fueran, las implicaciones serían terribles, dado que al mismo tiempo se estaría afirmando que la Constitución exige que los contenidos aludidos por cada uno de esos principios se realicen en la mayor medida posible según las circunstancias de cada caso, lugar y momento, y, por tanto, se estaría admitiendo que la Constitución no reconoce y protege imperativamente y sin excepción un umbral mínimo de esos contenidos.

En otras palabras, la teoría principialista y ponderadora asume que las normas desfavorables deben ser lo menos retroactivas que sea posible, pero sostiene que, llegado cierto contexto de crisis, puede considerarse constitucional que las haya retroactivas; que los poderes públicos han de obrar sin arbitrariedad, pero que caben circunstancias excepcionales que permitan concluir que un alto grado de arbitrariedad de los poderes es conforme al principio constitucional de interdicción de la arbitrariedad; que el principio de legalidad, incluso en su dimensión de estricta legalidad recepcionada en el artículo 25 de la Constitución[3] puede ser excepcionado de modo constitucionalmente admisible

---

[3] Artículo 25. «Nadie puede ser condenado o sancionado por acciones u omisiones que en el momento de producirse no constituyan delito, falta o infracción administrativa, según la legislación vigente en aquel momento».

cuando las circunstancias fácticas y jurídicas de la ocasión «justifiquen» que se atribuya más peso a otros principios expresos o implícitos como el de seguridad del Estado, el de eficaz persecución del delito por el Estado o el de interés general, pongamos por caso.

Que todas las normas de un sistema sean más o menos fácilmente reconducibles a una estructura condicional o de reglas no tiene por qué suponer que todas las normas sean reglas, que no haya más que un tipo de normas, las reglas, o que no tenga sentido hablar de clases de normas que por alguna razón puedan llamarse principios. Lo absurdo, a mi modo de ver, es afirmar, como Alexy, que hay reglas, que son mandatos taxativos, y principios, que pueden ponderarse para derrotar a las reglas y para que los mandatos de estas no sean tan taxativos.

Pongamos ahora otro ejemplo, el llamado principio de interés superior del menor. En gran cantidad de países se considera que es un principio constitucional, ya sea expreso o implícito. El artículo 20.4 CE alude a la «protección de la infancia» como límite a derechos tales como el de libertad de información, de creación artística o de cátedra. Por su parte, el artículo 160.2 del Código Civil español dispone: «No podrán impedirse sin justa causa las relaciones personales del menor con sus hermanos, abuelos y otros parientes y allegados». La Sala de lo Civil del Tribunal Supremo ha aplicado el principio de interés superior del menor en casos en los que existía algún riesgo de que la relación con unos abuelos —por ejemplo— pudiera ser perjudicial para la estabilidad psicológica de los menores y ha justificado mediante tal principio la interpretación restrictiva de la «justa causa» en tales situaciones. Vemos aquí uno de los numerosísimos ejemplos en que un principio constitucional o infraconstitucional obra como argumento interpretativo muy relevante a fin de justificar cierta interpretación de una norma por encima de otras posibles.

Esa función es importantísima y da sentido a la clase de normas de las que estamos hablando. Una norma infraconstitucional será inconstitucional si es incompatible con la dignidad humana —artículo 10 CE—, si es incompatible con la idea de Estado social —art. 1.1. CE—, si es incompatible con el derecho al honor —art. 18 CE—, etc. Evidentemente, la determinación del contenido mínimo de tales conceptos —dignidad, honor, Estado social, etc.— es una tarea interpretativa que corresponde a la jurisprudencia pertinente en un contexto de razonabilidad lingüística y social.

Cuando el artículo 1255 del Código Civil español dispone que los contratantes pueden establecer los pactos, cláusulas y condiciones que tengan por conveniente «siempre que no sean contrarios a las leyes, a la moral ni al orden público», va de suyo que se están poniendo condiciones de validez a las cláusulas contractuales, y así se entiende la norma en su contexto sustantivo y procesal. Todo el mundo entiende que, si una cláusula de un contrato es contraria a la moral, hay mecanismos procesales para atacar la validez de tal cláusula a fin de que sea declarada inválida, nula. Y eso con independencia de que será una labor ardua para los tribunales de cada época determinar, caso a caso, qué es moral y qué es inmoral a estos efectos y cuáles son los contenidos mínimos de moralidad que todo contrato ha de salvaguardar en cada momento histórico.

Es más fácil identificar los pactos o cláusulas del contrato que son contrarios a las leyes que aquellos que son contrarios a la moral. En ambos casos, habrá que adoptar opciones interpretativas, de entre las que sean admisibles, pero la indeterminación es mayor en la expresión «moral» que en la expresión «leyes», y por eso el margen de discrecionalidad que tienen los jueces a la hora de interpretar es más amplio en este segundo caso. Pero ese grado diferente de indeterminación de la expresión —y de consiguiente dificultad interpretativa— en nada cambia la función de las dos condiciones de validez de los contratos.

Sucede lo mismo cuando, por ejemplo, la Constitución española hace referencia en su artículo 9 al «principio de legalidad», a la «jerarquía normativa» o a la *"seguridad jurídica"*. Es más preciso el significado posible de «jerarquía normativa», aunque alguna duda quepa también ahí, que el de «seguridad jurídica», pero eso no obsta para que la función de todos y cada uno de esos enunciados que solemos llamar principios sea la misma: poner condiciones de validez de las normas del sistema jurídico español y brindar argumentos interpretativos muy útiles, pues siempre será defendible como más fiel a la Constitución la interpretación de cualquier norma infraconstitucional más generosa con la seguridad jurídica o más favorable a la idea de «legalidad».

En el caso de la norma civil y del principio infraconstitucional de buena fe o de «moralidad» de los contratos, hay pocas dudas de que incorporan condiciones de validez normativa. ¿Es posible justificarlo tan sencillamente en el caso de los principios constitucionales citados y de tantos otros? Opino que sí.

En primer lugar, en esa parte que toda Constitución tiene de autofundación de su propia supremacía está emplazado el artículo 9.1 de la Constitución española, que dispone: «Los ciudadanos y los poderes públicos están sujetos a la Constitución y al resto del ordenamiento jurídico».[4] En

4 Por cierto, ¿esta norma será una regla o será un principio? En el sentido que la distinción que Alexy traza, viene a dar igual, pues tanto las reglas como los principios son normas derrotables por los principios a través de la ponderación. Pero ¿podemos admitir que es jurídicamente derrotable la norma constitucional que proclama la superior jerar-

segundo lugar, el título IX, referido al Tribunal Constitucional, atribuye a dicho órgano constitucional la función exclusiva de control de constitucionalidad de las leyes y las disposiciones normativas con fuerza de ley. En tercer lugar, la regulación que el título X hace de la reforma constitucional establece explícitamente que si una ley ordinaria —u orgánica— no puede reformar la Constitución es porque la Constitución es jerárquicamente superior a la ley en el marco del sistema jurídico. Pues bien, dicho esto, o bien nos abandonamos a la metafísica y hasta el más oscuro esoterismo, o bien admitimos que una norma es jerárquicamente superior a otra cuando hay contradicción —no salvable por vía interpretativa, jugando con las interpretaciones posibles— entre lo que dice la superior y lo que dice la inferior.

Tácitamente, asumimos la estructura condicional del artículo 1255 del Código Civil, entendido en su contexto normativo. De modo que cuando dice: «Los contratantes pueden establecer los pactos, cláusulas y condiciones que tengan por conveniente, siempre que no sean contrarios [...] a la moral», aplicamos el siguiente esquema normativo de estructura condicional o que opera como una regla:

> Si en un contrato se establece un pacto, cláusula o condición contrario a la moral, entonces ese pacto, cláusula o condición es nulo.

¿Por qué habría de ser esto distinto —o menos evidente— en cualquier «principio» constitucional? Veámoslo otra vez con algunos de los ejemplos que estamos manejando:

> Artículo 10.1 CE: La dignidad es «*[...]* fundamento del orden político y de la paz social».

quía normativa de la Constitución? O de cómo las incongruencias de la teoría jurídica conducen en la práctica a aporías sin cuento.

> Si una norma o medida es incompatible con la dignidad, entonces es inconstitucional.
>
> Artículo 9.3 CE: «La Constitución garantiza [...] la seguridad jurídica».
>
> Si una norma o medida es incompatible con la seguridad jurídica, entonces es inconstitucional.
>
> Artículo 44 CE: «Los poderes públicos promoverán y tutelarán el acceso a la cultura, a la que todos tienen derecho».
>
> Si una norma o medida de los poderes públicos priva del acceso a la cultura a toda la sociedad o alguna parte de ella, entonces es inconstitucional.

Vayamos ahora al ejemplo más complicado, que nos permitirá dar sentido a la observación que vendrá a continuación:

> Artículo 1 CE: «España se constituye en un Estado social y democrático de Derecho, que propugna como valores superiores de su ordenamiento jurídico... la justicia».

O bien entendemos que la remisión a la justicia como valor superior del sistema constitucional español es una pura licencia poética sin trascendencia jurídica real, o bien consideramos que este es uno más de los enunciados que, por ser constitucionales, condicionan la validez de las normas infraconstitucionales del sistema. Una vez más, sostengo que no se trata de un principio *alexiano* que haya que ponderar para ver cuánta injusticia es constitucionalmente legítima cada día o en las circunstancias de cada caso, pues eso, a la postre, solo servirá como pretexto para que hasta lo más brutalmente injusto pueda un día ser considerado acorde con la Constitución según por qué magistrados o magistradas bien domados. Así que, o bien ahí hay algo de norma constitucional —y entonces impone una condición de constitucionalidad—, o bien es una pura licencia poética que se tomó el constituyente.

Como bien vio en su día Hans Kelsen, padre del control concentrado de constitucionalidad, que de modo pleno él introdujo por primera vez en la Constitución de Austria de 1920, considerar que un enunciado constitucional como ese puede funcionar como parámetro de control de constitucionalidad, pese a la gran indeterminación sobre qué sea lo justo, supone poco menos que entregar un cheque en blanco a los tribunales constitucionales, que podrían anular cualquier norma legal con solo argumentar que es injusta. Y lo mismo sucede con contenidos constitucionales tan indeterminados y discutidos como «dignidad», «libre desarrollo de la personalidad», «libertad», etc.

Pero hay constitucionalistas bien razonables que estiman que cabe una senda intermedia entre la irrelevancia normativa de cláusulas constitucionales de ese estilo y su uso por los tribunales para justificar el judicialismo más descarnado o por las cortes constitucionales para erigirse en soberanas y poner patas arriba a la Constitución que supuestamente deben defender. Ese camino intermedio consiste en hacer un uso extraordinariamente mesurado de tales cláusulas por tribunales constitucionales que hagan de su labor un control de mínimos o de vulneraciones flagrantes y poco menos que indiscutibles de tales valores o principios.

Hace años, aquel gran constitucionalista español que era Francisco Rubio Llorente declaró que, en España, el Tribunal Constitucional ha tenido la sabiduría y la prudencia de no usar sin más esos valores superiores del artículo 1.1 de la Constitución, como el de justicia, como referencia con la que contrastar sin más la constitucionalidad de las normas de rango legal, y señaló que no debería bastar la invocación del valor justicia, sino que esta debería ir acompañada de la declaración de incompatibilidad con alguna otra norma constitucional.[5]

---

5 Véase Rubio Llorente, Francisco, *Derechos fundamentales y principios constitucionales*, Barcelona: Ariel, 1995, p. xi.

En mi opinión, nuestras constituciones no proponen un modelo denso y determinado de justicia, que sería incompatible con el propio pluralismo de ideas y creencias que las mismas constituciones defienden, sino que simplemente excluyen de la esfera de lo que puede ser constitucional lo que la inmensa mayoría de la ciudadanía consideraría aberrantemente injusto, y eso siempre va a ser, además, incompatible con algún otro derecho constitucional más concreto o con estructuras constitucionales evidentes.

Una ley que, por ejemplo, no permitiera votar a los miembros de determinado grupo racial sería unánimemente tenida por injusta e incompatible con el valor justicia del artículo 1, pero sin lugar a dudas sería también inconciliable con la prohibición de discriminación proclamada en el artículo 14 de la Constitución. Es poco menos que imposible imaginar un contenido normativo patentemente injusto a ojos de la gran mayoría de los ciudadanos que no sea palmariamente incompatible con algún enunciado constitucional más preciso, como los que protegen derechos fundamentales. Y cuando se discute colectivamente si ese contenido de una norma es justo o es injusto, entonces es cuando el Tribunal Constitucional tiene que contenerse, debe autorrestringirse para permitir que, en esos casos dudosos, sean las mayorías democráticamente articuladas las que establezcan el contenido de lo jurídico en normas que se legitiman por su origen en la soberanía popular.

Para muchos, el contrato de maternidad subrogada, por ejemplo, es estrepitosamente injusto e incompatible con la dignidad de la mujer, mientras que otros no ven rastro de tales valores negativos en dicho contrato. Por eso, lo mejor será que el Tribunal Constitucional respete la decisión legislativa en lugar de imponer el personal concepto que de lo justo o de la dignidad para ese tema tengan sus integrantes. Porque por mucho que ese contenido de justicia se lo atribuyan a la Constitución, no es de la Constitución, sino de los magistrados. Quien no lo vea así, padece algún trastorno severo o es víctima de un nivel preocupante de alienación política.

Cuando la diversidad de opiniones y valoraciones es constitucionalmente posible y hasta fomentada, la legitimidad de la norma legal democráticamente aprobada debe vencer a la ideología moral de los tribunales, incluidos los constitucionales.

Si concebimos a la Constitución como la juridificación suprema de las verdades morales, incluso en lo que en la Constitución queda indefinido y abierto, convertimos al guardián de la Constitución en un poder constituyente, en un señor de la propia Constitución y, por extensión, en supremo poder del Estado, una suerte de emperador instalado por encima del pensar y el creer de los ciudadanos. Nada hay más radicalmente inconstitucional que eso, nada hay más incompatible con la definición y las estructuras evidentes de un Estado que se dice constitucional, democrático y social de Derecho. A ese otro Estado habría que llamarlo «Estado de lo que sus señorías quieran considerar Derecho».

Puede haber muchas clasificaciones útiles de las normas jurídicas y es posible que tenga diversos sentidos distinguir entre reglas y principios. Pero entender que nuestros más cruciales derechos están contenidos en principios, que los principios son mandatos de optimización y que cualquier principio puede ser derrotado por otro o que puede derrotar a una regla comporta, ni más ni menos, dejarnos sin derechos, a los pies de los caballos o arrodillados ante sus señorías. Ese no es ni puede ser nuestro modelo constitucional, si es que algo de autoestima nos queda como ciudadanos libres y ciudadanos dignos.

COMENTARIOS A LA CONFERENCIA «REGLAS Y PRINCIPIOS», DE JUAN ANTONIO GARCÍA AMADO

Roberto Lara Chagoyán*

Conocí personalmente a Juan Antonio en un curso que se impartía para profesores en el Tecnológico de Monterrey antes de la pandemia. Lo conocía por los trabajos que había publicado a finales de los años noventa, cuando yo desarrollaba mi aventura doctoral en España. Actualmente es —como suele decirse— un *rockstar* de la filosofía del Derecho, fama que tiene bien ganada por su impresionante trayectoria y su incansable producción académica, pero sobre todo por su muy eficiente retórica y mejor dialéctica. Si se tratara de un púgil, sería uno de esos que atemorizan al rival mucho antes de subir al ring y que, una vez ahí, no dejará de lanzar golpes bien ensayados y sabrá salir airoso de las posibles encerronas de su rival. Sin embargo, a Juan Antonio se le conoce menos por su profundo conocimiento del Derecho y de la cultura jurídica: si seguimos con la metáfora boxística, se le conoce escasamente en los entrenamientos y pocos saben cómo llegó a estar entre los mejores peleadores del mundo y en la primera división de la teoría y la filosofía del Derecho.

---

* Doctor en Derecho por la Universidad de Alicante, España. Profesor e investigador.
Conferencia disertada el 5 de septiembre de 2022, en la Escuela Judicial del Estado de México.

Siempre he pensado que para hacer una filosofía del Derecho que valga la pena no solo hay que saber filosofía, sino también Derecho, y creo que Juan Antonio es un filósofo del Derecho que sabe Derecho. También se le ha visto infligir uno que otro nocaut a algunos expertos en dogmática jurídica. En otras palabras, siempre lo oiremos exponer las grandes teorías del Derecho desde abajo, es decir, desde la tierra de los contratos, los delitos o las licencias hasta alcanzar el cielo de los conceptos. Vengo a tratar de esquivar uno que otro derechazo o izquierdazo de este gran jurista.

1. LA CARICATURA DE LOS PRINCIPIOS

Algún lector descuidado u oyente podría asumir que la teoría de Robert Alexy es la única manera de entender las normas que, como expone García Amado, integran los sistemas jurídicos, las reglas y los principios. Aunque Juan Antonio deja ver en su texto que existen otro tipo de piezas en el Derecho, lo cierto es que insiste mucho en la dicotomía. Con respecto a las reglas, señala que se reconocen fácilmente por su estructura hipotética, conformada por un antecedente que contiene un supuesto de hecho y un consecuente que establece la consecuencia jurídica, esto es, la clásica estructura canónica que tiene el Derecho desde que nosotros empezamos a estudiar la carrera. De hecho, en eso tiene toda la razón, la idea de los principios pudiera parecer novedosa, aunque no lo es, dado que, aun cuando los principios son viejos, siempre los formulamos como los expuso, es decir, de manera condicional. Respecto a los principios, el autor los identifica, como proclama la teoría de Robert Alexy —que no es la única—, como mandatos de optimización, en otras palabras, como normas que señalan que el bien o interés que mencionan debe estar protegido en cada momento en la mayor medida posible en función de las limitaciones jurídicas y fácticas que puedan concurrir. Por lo demás, García Amado critica con vehemencia que los principios puedan derrotar a las reglas, pues, en tal caso, y según su parecer, el sistema se convertiría en un terreno fangoso, inseguro y peligroso en el que las preferencias morales de los operadores jurídicos estarían confundiendo lo que el Derecho es con lo que el Derecho debe ser según cada cual.

Concebir de este modo a los principios podría, efectivamente, causar desconcierto, ya que equivaldría a dar la razón a aquellos realistas que consideraban que la argumentación jurídica no es en absoluto una actividad racional, sino un mero enmascaramiento de la voluntad política y moral de los jueces. Sin embargo, como bien sabe el profesor García Amado, los sistemas normativos son más complejos y, en particular, existe una forma algo más sofistica de entenderlos. Estoy de acuerdo con quienes —como Atienza y Ruíz Manero— sostienen que los sistemas jurídicos contienen tanto normas deónticas como regulativas y constitutivas, que las primeras pueden ser reglas y principios, y que todavía aún las reglas podrían ser de acción o de fin: las de acción, por supuesto, prohíben o permiten alguna conducta especifica, mientras que las de fin establecen que, dadas determinadas circunstancias, un sujeto tiene la obligación o tiene permitido o prohibido elegir el mejor de los medios a su alcance para conseguir el fin señalado en la norma. Por su parte, los principios son normas que, al igual que las reglas, establecen una solución normativa, es decir, dicen lo que debe ser, pero que, a diferencia de ellas, no definen un caso aun cuando sean aplicables esas soluciones normativas.

Los principios pueden ser —y esta es una de las primeras discrepancias que yo quiero presentar—, o bien principios en sentido estricto, o bien directrices. En sentido estricto, los principios son esas formulaciones normativas de estructura categórica, es decir, no condicionales o con condiciones de aplicación abiertas dirigidas a regular la conducta de los órganos aplicadores del Derecho para resolver tres tipos de casos: aquellos donde no existen reglas específicas para ser aplicadas a un caso en concreto —lagunas jurídicas—, aquellos donde sí existen reglas pero son demasiados indeterminadas, de reconocimiento, o bien aquellos en los que las reglas existentes contradicen los principios que justifican otros principios u otras reglas del sistema, las famosas lagunas axiológicas.

Por otro lado, las directrices o normas programáticas son mandatos de optimización *à la* Alexy que establecen la obligación de procurar obtener objetivos económicos, sociales, etc. Conviene aclarar que la división entre principios y directrices de Atienza y Ruiz Manero no es compartida por Alexy, para quien los principios son de un solo tipo y se corresponden con las directrices. En efecto, para el autor alemán, los principios son mandatos de optimización que pueden ser cumplidos en diferentes grados y para cuyo cumplimiento la medida ordenada no solo depende de las posibilidades fáticas, sino también de las posibilidades jurídicas. Para Atienza y Ruiz Manero, solo las directrices serían mandatos de optimización. Existe una ventaja muy importante en la diferenciación entre los principios en sentido estricto y las directrices, dado que creo que toda la carga crítica de Juan Antonio —muy bien argumentada, por cierto— se dirige a un tipo de entendimiento de los principios, el de las directrices. Considero que, si bien García Amado acierta, también lo hace Atienza cuando sostiene que concebir los principios solamente como mandatos de optimización supone un empobrecimiento del análisis de cualquier sistema jurídico, es decir, del modo en que contemplamos las piezas del Derecho en un determinado ordenamiento jurídico. Efectivamente, todos los riesgos de arbitrariedad a los que alude García Amado caen del lado de las directrices: si todos los principios fueran así, tendría toda la razón, pero como no son siempre así, yo diría que solo tiene razón en parte.

En otro orden de ideas, la experiencia no solamente académica, sino también práctica, que he adquirido gracias a que he tenido la suerte de trabajar en la práctica forense durante muchos años, me ha permitido entender alguna cosa que escapa a la teoría clásica de estas discusiones, en las que también he estado muy involucrado. Y es que, en el día a día —los y las magistradas, jueces y juezas no me dejarán mentir—, son pocas las veces en las que realmente nos encontramos con los principios en la *praxis* jurídica. Es decir, creo que se ha exacerbado demasiado —debido a la insistencia de Alexy y de los neoconstitucionalistas, a quienes critico desde este momento, al igual que hace Atienza—, que se ha malentendido, malinterpretado, generalizado y sobre simplificado el tema de los principios al concebirlos a todos como mandatos de optimización y, por supuesto, al pensar que en todos los casos los jueces pueden reconvertir automáticamente los materiales jurídicos en principios. Esto no es así en la práctica, pero tampoco lo es en la teoría. Me parece, más bien, que la operación del Derecho ha sido —así lo sostuvo García Amado— como siempre lo fue, en el Derecho civil, penal, administrativo y en amparo en México, es decir, siempre a partir de la estructura más conocida y obvia, la de las reglas, la estructura condicional. Pero son , eventualmente y muy escasamente, —recurriendo a una metáfora en la que podemos compararlos con una especie de vidrio contra incendios—aplicables. Aquel juez mesurado efectivamente trabaja, como ha señalado García Amado, con reglas y, en todo caso, con ciertas formulaciones de las leyes o de la constitución que son difíciles de identificar, pero que regularmente aplica utilizando la estructura condicional, de antecedente y consecuente, quizá nunca se dio cuenta de que eso era un principio y lo utilizó como una regla, pero en ocasiones —muy pocas, insisto, muy escasas en la operación jurídica cotidiana— el operador puede perder una gran oportunidad de hilar más fino, es decir, de romper el vidrio, sacar un principio allá donde lo hay, donde se puede aplicar, donde tiene sentido hacerlo si se cumplen ciertas reglas metodológicas, y puede recurrir a él y dar puntadas en la costura mucho más finas que si solo lo hiciera con las reglas. Esto no significa que todos los enunciados sea principios, que toda la actividad jurisdiccional sea ponderación: el hecho de que esto ocurra no quiere decir que es culpa de la herramienta. Voy a poner dos ejemplos de reglas metodológicas para aplicar principios:

Primera regla: no puede ponderarse cualquier cosa con —o contra— cualquier cosa, dado que eso es un error metodológico. Cuestión distinta es que muchos lo hagan, y en este punto comparto lo que sostiene García Amado: que muchos lo hagan no quiere decir que esté bien, pero tampoco que sea culpa de la metodología o de la teoría. Los principios se ponderan con otros principios siempre cuidando de que se trate de principios en sentido estricto, tal y como los entienden Atienza y Ruiz Manero. Puede darse el caso de que se pondere una directriz con un principio en sentido estricto, sí, pero es raro. Las ponderaciones más obvias, más clásicas —y el Derecho comparado está lleno de ejemplos al respecto— son las que se llevan a cabo entre principios en sentido estricto. Segunda regla: para ilustrar el segundo criterio metodológico, utilizaré la metáfora del amparo mexicano. Existe una suerte de principio de definitividad en la ponderación, y ustedes saben a qué me refiero: no se puede ponderar si no se ha agotado previamente cualquier otra posibilidad interpretativa subsuntiva mediante la cual se pueda resolver el caso que se considera fácil o rutinario de una manera convencional tradicional, simple y mucho más clara y certera. Por tanto, si uno no agota el principio de definitividad, no puede pasar a la ponderación porque en tal caso se incurre en todos los errores que García Amado detectó muy bien y que suscribo. Lo que sostengo es que cuando se agotan todas las posibilidades, cuando se agota el principio de definitividad de la ponderación y el juez se ve, como expuso García Amado, simplemente obligado a ejercer la discrecionalidad, alguien podría decir que, una vez que ya empataron las reglas, una vez que no hay materiales jurídicos, podemos hacer varias cosas para eliminar la discrecionalidad, o bien echar un volado, rezar una oración, andar a la villa de Guadalupe para ver qué nos inspira la virgen para adoptar ese margen discrecionalidad que García Amado acepta que existe en algunos casos, o bien recurrir a algunas metodologías —unas más perfectas que otras, unas mejores que otras—, que no son más que eso, metodologías, opciones que no son reglas o normas de uso obligatorio.

Alexy podrá ofrecernos su metodología —que, al igual que Atienza, no comparto—, porque la fórmula de peso, el tema aritmético, quizá funcione en Alemania, pero dudo mucho que así sea en México o América Latina. He visto grandes errores derivados de la utilización de la fórmula de peso y creo que, efectivamente, en México los operadores se autoengañan cuando piensan que aplicando una fórmula como la de Alexy garantizan la justicia, se curan en salud pensando que lo hicieron bien, se siente epistemológicamente superiores o mejor dotados porque saben ponderar. Me parece que esto es un sinsentido absoluto.

La de Alexy es una metodología más entre otras. Atienza propone una forma de ponderación algo distinta, basada fundamentalmente en la razonabilidad, la argumentación jurídica y el análisis de la calidad de los argumentos que pueden operar en favor de uno u otro principio en el caso concreto, pero siempre sujetos a una valoración y una racionalización que, por supuesto, es falible, como García Amado admite cuando dice que en ocasiones los jueces se ven abocados a la necesidad de ejercer el árbitro judicial, a ejercer la arbitrariedad. Pero tan infalible es ejercer la discrecionalidad sin ponderación como realizar una ponderación bien articulada y bien entendida —y no, desde luego, a tontas y a locas—.

El segundo punto que quisiera señalar es que no es posible —de hecho, es un error muy común que se comete cuando se critica la ponderación de los principios— pensar que en el debate teórico epistemológico hay dos mundos o, si se quiere, dos equipos de fútbol, de tal manera que el teórico o el operador es, o bien principalista, o bien reglista. Esta percepción es errónea, pues así no funcionan las cosas. Nadie en su sano juicio afirmaría que los sistemas jurídicos solo contienen reglas o que solo contienen principios. Me parece que esas visiones empobrecen la cuestión, son poco fértiles y, para seguir con la metáfora, ambos «equipos» se pierden muchos aportes del contrario. Quizás pierda mucho más el principalista, dado que el Derecho es un juego reglado y, excepcionalmente, *principiado,* si se me permite la expresión simplona. En otros términos, si un autor considera o concibe el Derecho estrictamente como un conjunto de reglas, se pierde ciertos matices y puede desaprovechar la oportunidad de resolver casos difíciles con mayor finura, y un autor es absolutamente principialista —Atienza los llama borrachos de los derechos, borrachos de la ponderación o borrachos de los principios—, sencillamente se pierde la oportunidad de jugar al juego del Derecho, dado que podrá estar haciendo cualquier cosa menos Derecho.

El Derecho es, en esencia, una actividad reglada. Pondré el siguiente ejemplo, que usualmente uso con mis alumnos. Tengo un hijo que ahora ya es mayor, pero que de pequeño jugaba ajedrez conmigo. Yo le dejaba ganar porque me parecía muy tierno y lindo que él sintiera que le ganaba a su padre, y aunque moviera mal las piezas no me importaba. Cuando mi hijo estaba en el jardín de niños, las profesoras lo pusieron a jugar ajedrez, ya que preguntaron quién sabía jugarlo. Hizo el ridículo de su vida y hasta la fecha no me lo perdona. ¿Por qué? Porque yo le obligué —o le enseñé— a jugar mal al ajedrez pensando que lo que no se puede mover en ajedrez —las reglas, los principios institucionales del ajedrez— puede ser alterado, y eso es un pecado gravísimo; estoy seguro de que García Amado estará absolutamente de acuerdo conmigo. Pero si hubiera enseñado bien a mi hijo las reglas del ajedrez y después la estrategia, las mañas para aventajar dos jugadas al contrario, el modo de anticipar un jaque o algún otro movimiento, podríamos aplicar ciertos principios basados en la estrategia, en la experiencia, en la estadística de los grandes jugadores —tengo un amigo en la Corte que publicó un libro de ajedrez en el que hay aperturas originales inventadas por él—, esos serían para mí los principios. Pero en el jardín de niños a mi hijo no le preguntaron: «¿Usted sabe principios del ajedrez?»; más bien le preguntaron: «¿Usted sabe jugar al ajedrez?».

¿Qué pasa con los ponderadores borrachos? Hacen lo mismo que yo hice con mi hijo, tergiversan el juego del Derecho, no están jugando ajedrez, sino a la moral, la política, la sociología o cualquier otra disciplina. Eso, sin embargo, no significa que cuando se utiliza mesurada y razonablemente una combinación adecuada, puntual, entre reglas y principios bien entendidos, no se pueda ser un jugador de ajedrez excelente, mejor que un jugador normal y corriente que solamente sabe mover las piezas (un caballo, un alfil o un caballo) mecánicamente. Les aseguro que el mejor jugador de ajedrez no se limita a cumplir las reglas del ajedrez, también tiene estrategia, principio, astucia y otros mecanismos que le permiten —con esas reglas— jugar mejor al ajedrez.

2. HAY MÁS DIFERENCIAS ENTRE REGLAS Y PRINCIPIOS

Hay más diferencias entre reglas y principios que las que nos ofreció García Amado y que él conoce perfectamente. Por lo menos hay tres. Enseñó la de la estructura canónica: las reglas tienen estructura condicional mientras que los principios tienen una estructura categórica. Es mucho más seguro andar en un camino de reglas que en un camino de principios, naturalmente. Nadie niega que es más exigente, más difícil, y que exige más argumentación, más conocimiento del Derecho y de la teoría trabajar con principios que con reglas. Esto parece evidente y esa es una de las diferencias entre reglas y principios. Hay otra que no diré porque no quiero darle batería fácil al profesor García Amado para que ametralle.

El peso es la característica que Dworkin puso sobre la mesa. Por supuesto no es una creación original del autor norteamericano, pues él no inventó los principios, que ya existían en el Derecho romano. Dworkin sostenía que, a diferencia de las reglas, los principios tienen peso, que el peso es un peso relativo con otros principios y que cada vez que se enfrentan dos principios es preciso ponderar a fin de atribuir más o menos valor a uno de los principios en liza. Suelo explicárselo a mis alumnos con el ejemplo del juego de las sillas, en el que hay menos sillas que niños dando vueltas alrededor y, en el último momento, solo quedan una silla y dos niños. Pues bien, los principios son como dos niños que necesitan sentarse cuando solo queda una silla. ¿A qué me refiero? A que el caso tiene que ser así de dramático, así de raro y extraño. Como ya he dicho, no hay tantos casos así.

Durante quince años elaboré sentencias en la Suprema Corte de Justicia de la Nación y les puedo asegurar —yo, un ex secretario de estudio y cuenta muy común y corriente, como los demás— que, en la ponencia de Cossío, si en quince años, diez casos fueron relevantes, importantes y de ponderación, ya serían muchos, si es que me tocaron diez: no creo haber llegado a diez y puedo contarlos con la mano. Pero también puedo decirles que, con la misma experiencia y con la misma documental o probatoria hice miles de sentencias y que en ellas siempre utilice reglas, siempre recurrí al esquema de la subsunción o que regularmente me encontré con el Derecho tal y como lo hacían los profesores de civil, los viejos magistrados y los viejos ministros, siempre igual. No obstante, también es cierto que en aquellos diez casos que pude haber propuesto para que los señores ministros tomaran la decisión final pude echar mano de una aguja más fina para bordar algún detalle difícil que permitía tomar una determinación más fina y —voy a utilizar una locución prohibida para García Amado— *bajo la mejor luz del Derecho,* como lo decía Dworkin. Utilizando la mejor luz del Derecho, esa pieza extrañísima del Derecho mexicano pudo bordarse un poquito mejor: si comparamos esta estrategia un abordaje basado en puras reglas, la solución del caso habría sido un poco menos satisfactoria.

El tercer elemento, el que más me gusta a mí, son las razones para la acción. Las normas jurídicas, ya sean normas o principios, suministran razones para actuar, del mismo modo en que los hechos suministran razones para creer en algo en las ciencias naturales. En las ciencias normativas, la reglas, las normas jurídicas o las normas morales nos suministran razones para hacer algo, para actuar de un modo u otro. ¿Cómo son las razones que nos ofrecen las reglas? Son razones excluyentes o perentorias, ¿Qué quiere decir esto en buen español? Que cuando existe una regla como la del ajedrez que impone mover el caballo en «L», esa regla excluye toda discusión con mi hijo, a pesar del amor que le tengo, del mismo modo que queda excluida toda deliberación que alguien pueda pretender iniciar ante un semáforo en rojo. No se trata de deliberar, no te están preguntando si quieres pararte en el semáforo rojo: la regla obliga indefectiblemente en términos de todo o nada, por ello, las razones que suministran las reglas son excluyentes, perentorias, y queda descartado cualquier tipo de deliberación.

En el caso de los principios, las cosas son distintas, pues tienen una estructura o suministran razones para la acción que sí permiten abrir la deliberación. Vuelvo a hacer mención de que son muy pocos los casos donde la ponderación es necesaria en la práctica judicial. Por lo tanto, ¿qué pasa cuando el principio me permite deliberar a mí como operador jurídico o a los abogados que tratan de proponer sus pretensiones ante el juez o a las autoridades que litigan en amparo? Pues sucede que estamos ante fracciones del lenguaje jurídico contenido en normas que no quedan claras, que no definen un caso como las reglas, sino que solamente determinan cuál es la consecuencia jurídica. Entonces, el caso ha de ser colmado, «llenado», determinado por el operador jurídico: al menos desde la perspectiva del profesor García Amado, esto es un pecado que nos condena al limbo de los ponderadores, de los iusmoralistas —como le gusta llamarlos a él—. Yo creo, sin embargo, que a través de otra interpretación la respuesta sería «no necesariamente».

Creo que García Amado tiene razón cuando denuncia aquellos casos en el que el operador jurídico comete el error que yo cometí «enseñando» (mal) el ajedrez a mi hijo. En ese tipo de supuesto, al igual que hace García Amado, yo también condeno al operador jurídico al limbo del iusmoralismo. Sin embargo, cuando el jurista ha hecho un trabajo mucho más fino, más analítico, más elegante y ha agotado todas las posibilidades, no creo que sea tan problemático que el Derecho ofrezca o abra la posibilidad de realizar deliberaciones. Lo hacen todos los tribunales, sobre todo los colegiados: deliberan, sus miembros se ponen de acuerdo, definen los casos, realizan análisis conceptuales, a veces históricos, y a esta actividad la llamamos interpretación. ¿No le gusta que la llamemos ponderación? Quizá entonces es un desacuerdo meramente léxico, una disputa lingüística, no una controversia genuina sobre el modo en que unos y otros entendemos el tema de la ponderación.

3. EL PASO DE LA TEORÍA A LA PRÁCTICA

Más arriba ya anticipé este punto: estudiar teoría del Derecho durante algunos años en un doctorado de una universidad con profesores que leen y discuten todos los días teorías, libros, abstracciones y que están inmersos en el mundo de las ideas es bien distinto que operar en un tribunal, dado que no es lo mismo hacer la teoría en la barrera que hacer la teoría en el ruedo con el toro, los caballos y los matadores. La teoría adquiere entonces otro color, y yo estoy a favor de la teoría, pues soy alumno de Atienza y creo que la teoría mejora la práctica: el mejor armamento, la mejor herramienta de la que yo pude disponer para hacer mi trabajo fue la teoría, pues prácticamente yo no tenía experiencia en la *praxis* jurisdiccional antes de ingresar en la Corte. Me parece innegable que la teoría contribuye a una mejor práctica, eso es un axioma —digamos— inobjetable. Sin embargo, cuando estamos en la operación jurídica hay un montón de detalles, prácticas, grillas —como decimos en México—, críticas y tiempos (plazos) que está encima de nosotros, y que hacen que la operación jurídica no se apegue necesariamente a la teoría tal y como la muestran los grandes autores, los grandes gigantes en cuyos hombros nos subimos para trabajar. Esta modelación, este trabajo, esta puesta en escena de la teoría puede sufrir a veces descalabros o puede ser objeto de ajustes que hagan posible que la teoría permita elaborar un mejor proyecto de sentencia o una mejor sentencia, y esa parte de la práctica a veces es descuidada en los cuadros abstractos que nos pintan los grandes teóricos.

El punto al que quiero llegar es este: si de principios y reglas hablamos, en la práctica de los tribunales apenas existe el hábito de hacer estas útiles distinciones, por lo que la mayoría de los juristas ven los enunciados en bloque, como si todas las normas fueran iguales —o peor aún, como si las normas y las disposiciones normativas fueran sin más una misma cosa—. Por eso, creo que ni el ponderador desatado, enfermo de ponderación, ni el reglista convencido son del todo conscientes de las implicaciones de las visiones extremas en las que uno y otro pueden caer. Naturalmente, no pretendo generalizar, pero no exagero demasiado si afirmo que en el ámbito de la práctica judicial hace mucha falta no solo la teoría de la argumentación, sino una teoría de la norma, una teoría del Derecho y, sobre todo, una teoría de la justicia porque recuerdo la bien conocida crítica que formuló Francisco Laporta a Atienza en la que le acusaba de pretender que los jueces —al menos, los constitucionales— sepan filosofía moral y no sé por qué nos lo preguntamos. Si volvemos un poco la vista atrás, como le gusta a García Amado, y recordamos a los jueces mexicanos de la quinta época, me parece que eran ministros mucho mejor preparados en filosofía —al menos— y en teoría de la justicia que los de ahora, y pido disculpas si generalizo o si simplifico mucho. Los jueces actuales me parecen más legalistas que filósofos, más positivistas, más formalistas y esta disposición muestra, efectivamente, que huir de la filosofía no genera nada bueno, que huir de los principios y de los razonamientos morales no lleva a buen puerto. Quizá tenga razón Francisco Laporta cuando dice: «Enseñemos filosofía moral a los jueces». De acuerdo, «enseñémosles teoría de la justicia para que no hagan porquerías con la ponderación cuando tengan que ponderar». Por cierto, alguien que sabe ponderar no se agarra ponderando como loco, no lo hace porque sabe cuáles son los límites de la ponderación. A mi juicio, García Amado tiene razón en sus acusaciones sobre el iusmoralismo cuando observa que, de hecho, muchos operadores jurídicos que están vinculados al ámbito académico o que son escritores teorizan qué *debe ser* el Derecho. En otras palabras, si la pregunta fuera empírica —*«¿cómo están*, de hecho, entendiendo la mayoría de los jueces iberoamericanos la ponderación y los principios?»—, García Amado podría responderla con mucha asertividad: provoca desastres conceptuales, enredos y confusiones que a nada bueno llevan. Pero si la pregunta fuera normativa —«¿cómo debieran ser entendidos los sistemas jurídicos en el mundo?»— y se formulara tomando en consideración el tránsito del Estado legal al Estado constitucional de Derecho, entonces me parece que las respuestas ofrecidas por las aproximaciones teóricas como la que sostiene un sector de la teoría que se identifica con el iuspositivismo serían respuestas cortas, simples y pobres.

Finalmente, quiero terminar con un llamado a no perder de vista el consejo aristotélico que contribuye a evitar los extremos: la virtud (*aretê*) radica en actuar según el justo medio. Al respecto, diré dos cosas. En primer lugar, es importante no perder de vista que no se trata de una disyuntiva excluyente —*o reglas o principios*— sino que en todo caso deben aceptarse tanto unos como los otros porque son necesarios para entender los desafíos de un mundo globalizado y cada vez más constitucionalizado. En segundo lugar, es muy importante recalcar que no es mejor un juez o un tribunal que pondera que aquel que no lo hace. Quienes piensan así son los neoconstitucionalistas que caen en el limbo que García Amado ha denominado iusmoralismo. En efecto, tal y como unos presentan la dicotomía entre reglas y principios, parecería que existe una superioridad epistémica e incluso moral de quienes operan con principios sobre quien lo hace con reglas. Ni una cosa ni la otra, los sistemas jurídicos operan en general con reglas y excepcionalmente con principios, y solo cuando el sistema de reglas se agota —y habría que exigir a los jueces que, efectivamente, lo agoten— tiene sentido recurrir a los principios y romper el vidrio contra incendios de la ponderación. Los operadores que viven con el extintor de fuego de la operación sobre el escritorio y que lo usan ante la menor provocación, forman parte de ese romántico grupo que Atienza que ha denominado borrachos de la ponderación y a los que yo llamo *hippies* come flores del Derecho.

CRÍTICA A LA CONFERENCIA DE JUAN ANTONIO GARCÍA AMADO: «REGLAS Y PRINCIPIOS»

Alexandre Travessoni Gomes Trivisonno*

1. INTRODUCCIÓN

Sobre mi comentario crítico en relación con las objeciones de Juan Antonio García Amado a la teoría de los principios de Robert Alexy debo decir, en primer lugar, que la crítica forma parte del trabajo de la ciencia, y que es lo que permite el desarrollo de esta en general y de las teorías en particular. Por eso, toda crítica a cualquier teoría es bienvenida, y la crítica de García Amado a la teoría de los principios de Alexy debe ser bienvenida como un ejercicio de trabajo científico. Pero hay cosas que uno no puede aceptar: García Amado ha hecho referencia a «la Iglesia de Alexy y sus obispos». Quisiera decir que, aunque realicé una investigación con Alex, en Kiel (Alemania) durante un período total de unos dos años, no soy un obispo de la Iglesia de Alexy, pues no hay ninguna Iglesia de Alexy. Me considero un discípulo crítico de Alexy. La mejor manera de honrar a un gran autor es interpretarlo críticamente. Si así se hizo con Kant y con Kelsen, así debe hacerse con Alexy.

---

* Profesor catedrático de Teoría y Filosofía del Derecho en la Facultad de Derecho de la Universidad Federal de Minas Gerais; Profesor de la Facultad de Derecho de la Pontificia Universidad Católica de Minas Gerais.
Conferencia disertada el 5 de septiembre de 2022, en la Escuela Judicial del Estado de México.

Así, para que la ciencia se desarrolle realmente, también la crítica de una teoría tiene que estar abierta a la crítica, y así sucesivamente. Bajo esta perspectiva de debate constante, presentaré mi crítica a la posición de García Amado, y me pondré a disposición de la crítica sobre mi postura y de la continuidad del debate.

Mi crítica general a García Amado, apunta a su propia comprensión de la teoría que critica, la teoría de los principios de Robert Alexy. A primera vista, sobre todo para quienes no conocen la teoría de los principios de Alexy con cierta profundidad, la crítica de García Amado parece demostrar no solo que la teoría de Alexy no es adecuada, sino también que es absurda o incluso cruel. Si, como afirma García Amado, la ponderación de principios defendida por Alexy—relativiza todo en el Derecho y justifica desde la falta de respeto generalizada a las normas de tráfico hasta, sorprendentemente, el castigo de los delincuentes sin apego al principio de legalidad e incluso la tortura, debe ser rechazada de hecho.

Si la teoría de Alexy defiende estos absurdos, ¿quién se atrevería a discrepar de la crítica de García Amado? Resulta que, como veremos, la teoría de los principios de Alexy no defiende prácticamente ninguna de las posiciones que Amado le atribuye. En otras palabras, la teoría combatida por García Amado no es la teoría de los principios de Alexy, sino un simulacro de la misma construido por el propio Amado para convertirlo en blanco de su crítica.

Para demostrar que la teoría criticada por García Amado no es la teoría de los principios de Alexy, sino una teoría elaborada por el propio García Amado, procederé analíticamente, mostrando lo que nuestro autor afirma sobre la teoría de Alexy y lo que la propia teoría de Alexy afirma sobre ciertos temas.

2. ¿ALEXY COMO ANTIPOSITIVISTA?

García Amado comienza su exposición afirmando de que Alexy es un «antipositivista». Esto significa que, en su opinión, la teoría de los principios de Alexy es una teoría radicalmente opuesta al positivismo jurídico. Es necesario empezar señalando que Alexy nunca se ha definido como «antipositivista», sino como «no positivista».[1] Esta cuestión es fundamental y no es meramente terminológica. Un «antipositivista» no es un mero crítico del positivismo, sino alguien que combate el positivismo ferozmente, un opositor radical del positivismo, que no acepta que el positivismo tenga mérito teórico alguno en la comprensión del Derecho. Por lo tanto, Alexy no puede considerarse de ninguna manera un antipositivista, ya que no es un opositor radical del positivismo.

Alexy se define a sí mismo como no-positivista, lo que, según entiende el propio Alexy, es una postura tórica que comparte varios puntos defendidos por las doctrinas positivistas, pero que no está de acuerdo con otros. Para explicar esto con un poco más de detalle, es necesario describir brevemente la clasificación de las teorías jurídicas desarrolladas por Alexy en su obra *El concepto y la validez del derecho.*

Para Alexy, existen dos tipos básicos de teorías jurídicas: el *positivismo jurídico* y el *no positivismo jurídico.* Tanto los positivistas como los no-positivistas aceptan que el Derecho tiene dos elementos fundamentales: la legalidad conforme al ordenamiento y la eficacia social.[2] La diferencia, según Alexy, radica en el tercer elemento, la corrección moral,

---

1 Cf. Alexy, Robert, *Begriff und Geltung des Rechts.* Cf. también Alexy Robert, *Zur Kritik des Rechtspositivismus.*

2 Alexy, Robert, *Begriff und Geltung des Rechts,* p. 15 y ss.

defendida por los no-positivistas y confrontada por los positivistas: [3]

Positivismo Jurídico	No-Positivismo Jurídico
Legalidad conforme al ordenamiento	Legalidad conforme al ordenamiento
Eficacia social	Eficacia social
	Corrección moral

Así, la diferencia entre el positivismo jurídico y el no positivismo jurídico radica en la relación entre el Derecho y la moral: todos los positivistas defienden la tesis de la separación, es decir, todos los positivistas niegan la existencia de una conexión conceptual *necesaria* entre el Derecho y la moral, mientras que todos los no positivistas defienden la tesis de la conexión, es decir, todos los no positivistas defienden que existe una conexión conceptual necesaria entre el Derecho y la moral.[4]

No es este el lugar para profundizar en el tratamiento que hace Alexy del concepto de Derecho. Sin embargo, es necesario explicar que, para Alexy, el no positivismo puede clasificarse en tres subtipos: el no positivismo superincluyente, el no positivismo incluyente y el no positivismo excluyente.[5] El no positivismo súper-incluyente, que, según Alexy, habría sido defendido por Kant, afirma que existe una conexión conceptual necesaria entre el Derecho y la moral, pero que esta conexión nunca implica la invalidez de la norma jurídico-positiva que viola la moral. Así, en nombre de la seguridad jurídica, el Derecho positivo injusto sigue siendo válido.[6] El

---

3 *Ibídem*, p. 17.

4 Alexy, Robert, *Begriff und Geltung des Rechts*, pp. 15-17.

5 Alexy, Robert, *The Dual Nature of Law*, p. 176.

6 *Ídem*.

no positivismo jurídico excluyente se opone al no positivismo superincluyente, ya que afirma que cada vez que el Derecho positivo viola la moral pierde la validez. Esta corriente, que habría sido defendida por San Agustín y, en tiempos modernos, por Deryck Beyleveld y Roger Brownsword, sería, para Alexy, muy radical, ya que atribuye un peso excesivo a la justicia en detrimento de la seguridad jurídica.[7] Entre ambas corrientes se encuentra el no positivismo incluyente, defendido por Gustav Radbruch y por el propio Alexy. Esta corriente afirma que, en nombre de la seguridad jurídica, el Derecho que viola la moral es válido, salvo en casos de extrema injusticia. Esta idea, que en la Alemania moderna fue formulada por Gustav Radbruch, se denomina «argumento de la injusticia» o «fórmula de Radbruch».[8]

Los tres subtipos de teorías no positivistas identificados por Alexy pueden resumirse del siguiente modo:

No Positivismo Superincluyente	**No Positivismo Incluyente**	**No Positivismo Excluyente**
El Derecho que viola la moral es calificado como Derecho injusto, pero continúa siendo **válido.**	«La injusticia extrema no es Derecho» (fórmula de Radbruch), es decir, el Derecho que viola la moral es válida, salvo en casos de injusticia extrema.	Siempre que el Derecho viola la moral, pierde su validez.
Kant	Radbruch y Alexy	San Agustín; Beyleveld y Brownsword

---

7 *Ídem.*

8 *Ibídem*, p. 177.

Hay que señalar, por tanto, que el tipo de no-positivismo defendido por Alexy no es un modelo radical que niegue la dimensión de legalidad autoritativa del Derecho. Al contrario. El no positivismo incluyente defendido por Alexy sostiene que el Derecho positivo es válido salvo en casos de extrema injusticia.[9] Esto significa que el Derecho positivo solo no prevalece en situaciones extremas o —más precisamente— en situaciones de extrema injusticia. Toda injusticia que esté por debajo del umbral de la injusticia extrema es, para Radbruch y Alexy, Derecho válido.

El caso estándar de injusticia extrema citado por Alexy es el de la norma de la Alemania nazi que retiraba la ciudadanía a los judíos emigrados. Por lo tanto, el no positivismo incluyente de Alexy no es, como piensa García Amado, una autorización para invocar normas morales en todas y cada una de las situaciones.

En síntesis, García Amado se equivoca al afirmar que Alexy es un «antipositivista». El no positivismo incluyente de Alexy y el positivismo jurídico solo sostienen posiciones encontradas en lo que respecta a la validez del Derecho en casos de injusticia extrema, como, por ejemplo, el mencionado caso de algunas normas del período nazi en Alemania. Al margen de casos como este, el no-positivismo incluyente de Alexy entiende, exactamente igual que el positivismo jurídico, que lo que determina el Derecho son las normas autoritativas. Esto es sumamente importante en la teoría de los principios de Alexy, ya que, como veremos a continuación, para Alexy los principios que aplican los jueces son principios de Derecho positivo, y no principios morales.

---

9 Alexy, Robert *Begriff und Geltung des Rechts*, p. 70 y ss.; y Alexy, Robert, *The Dual Nature of Law*, p. 177.

3. LA CRÍTICA DE GARCÍA AMADO A LA PONDERACIÓN

García Amado presenta varias críticas a las posiciones supuestamente defendidas por Alexy en relación con la ponderación de los principios. Como veremos, también en este caso Amado no critica las tesis que, de hecho, sostiene Alexy, sino una teoría-objetivo que él mismo ha creado para que le sirva de objeto de crítica. Para demostrar que la crítica de García Amado a Alexy es infundada, dividiré analíticamente la exposición en tres puntos.

3.1. El objeto de la ponderación: principios de derecho positivo

García Amado afirma que, en la teoría de Alexy, todas las reglas pueden ser derrotadas sobre la base de principios morales. Esto es absolutamente incorrecto. La teoría de los principios de Alexy es una teoría sobre el Derecho positivo y, por tanto, los principios ponderados son principios de Derecho positivo. Esto se desprende del análisis de las propias palabras de Alexy sobre el objeto de su teoría, como veremos a continuación.

La teoría de los principios de Alexy se desarrolló principalmente en la obra *Teoría de los Derechos Fundamentales*, publicada originalmente en alemán en 1985. Al principio de este libro, Alexy define el objeto de su investigación, afirmando que está constituido por los derechos fundamentales que están positivados en la Ley Fundamental de Alemania, es decir, en la Constitución alemana.[10] En el capítulo 3 de la misma obra, Alexy afirma que las normas que garantizan los derechos fundamentales son de dos tipos: reglas

10 Alexy, Robert, *Theorie der Grundrechte*, p. 21.

y principios.[11] Pues bien, si las normas que se estudian en el volumen arriba citado son las normas que garantizan los derechos fundamentales, es decir, las normas que están en la Constitución alemana, y si los principios y las reglas son dos tipos de normas que garantizan los derechos fundamentales, los principios y las reglas son, aquí, dos tipos de normas de Derecho positivo, más concretamente dos tipos de normas constitucionales que garantizan los derechos fundamentales.

Para dilucidar la ponderación de los principios, Alexy cita, a lo largo de su *Teoría de los Derechos Fundamentales* y de otras obras, numerosos ejemplos de principios aplicados por el Tribunal Constitucional Federal alemán. Todos ellos son principios de Derecho positivo.[12]

---

11 *Ibídem*, p. 71 y ss.

12 No es necesario citar aquí todos los principios presentados por Alexy en esta obra. Basta, a modo de aclaración, hacer referencia a los dos ejemplos principales introducidos por Alexy cuando trata de las colisiones entre principios. En el caso de la imposibilidad de participar en una audiencia procesal, se trata de una colisión entre el deber del Estado de garantizar una correcta aplicación del derecho penal y el derecho a la vida y a la integridad física del acusado, ambos principios previstos en la Constitución alemana (Alexy, Robert, *Theorie der Grundrechte*, p. 79). En el caso de la proyección de un programa televisivo documental sobre la matanza de soldados en *Lebach*, Alexy menciona una colisión entre el derecho del exconvicto a la resocialización y el derecho a la libertad de información, ambos previstos en la Constitución alemana (Alexy, Robert, *ibídem*, p. 84). Al margen de la *Teoría de los Derechos Fundamentales*, en los artículos donde trata la ponderación, Alexy cita otros casos de aplicación de los principios. Por nombrar algunos, mencionemos el caso *Titanic*, en el que el tribunal ponderó la colisión entre la libertad de opinión y el derecho general de personalidad (Alexy, Robert, «Ideales Sollen», p. 16), y el caso *Cannabis*, en el que el tribunal ponderó la colisión entre el principio de libertad de acción y el principio de protección de la salud (Alexy, Robert, «Formal Principles-Some Replies to Critics», p. 520).

Así, absolutamente en todos los ejemplos mencionados por Alexy los principios aplicados son principios de Derecho positivo, más concretamente principios que están en la Constitución alemana. Para demostrar su tesis de que, en la teoría de Alexy, los principios son principios morales, García Amado debería presentar afirmaciones de Alexy en las que este sostenga que los principios aplicados por los tribunales son principios morales o presentar ejemplos mencionados por Alexy en los que los principios aplicados son principios morales. Pero García Amado no puede hacerlo sencillamente porque, como se ha señalado anteriormente, Alexy afirma expresamente lo contrario.

3.2. ¿Principios infinitos?

En su argumentación, García Amado señala que los principios en Alexy son infinitos. Aquí, su idea parece ser la siguiente: siempre habría un principio capaz de «derrotar» una regla cuando el juez, en el ejercicio de su discreción, así lo desee. García Amado parece querer decir que cuando el juez no encuentra un principio jurídico-positivo capaz de derrotar una regla, podría recurrir a principios morales. Así, en su opinión, los principios serían, para Alexy, no solo principios jurídico-positivos, sino también principios morales. Como en el Derecho positivo no pueden encontrarse principios jurídicos infinitos, esta idea que Amado atribuye erróneamente a Alexy se apoya a su vez en la tesis, ya rechazada anteriormente, de que según Alexy los principios jurídicos tienen su origen en los principios morales.

Como hemos visto anteriormente, la teoría de los principios de Alexy, en cuanto teoría dogmática de los derechos fundamentales, tiene como objeto de análisis los derechos fundamentales previstos en la Constitución. Estos derechos pueden estar enunciados por reglas o principios, pero siempre por reglas y principios de Derecho positivo. Por lo tanto, hablar de principios infinitos constituye una distorsión de la teoría criticada. En la teoría de los principios de Robert Alexy, repitámoslo una vez más, los principios son normas jurídicas positivas y, por lo tanto, no hay principios infinitos.

3.3. Principios implícitos: ¿una licencia para la arbitrariedad?

En su crítica a la teoría de los principios de Alexy, García Amado denuncia un supuesto uso exacerbado de los principios para derrotar a las reglas, y afirma que Alexy admite que los principios implícitos derrotan a las reglas explícitas. García Amado no aclara si habla de principios implícitos en la Constitución y de reglas explícitas en la legislación o en la Constitución, lo que dificulta la comprensión de sus objeciones. En cualquier caso, esta crítica es infundada. Los principios con los que trabaja Alexy son los principios positivos expresamente reconocidos en la Ley Fundamental Alemana —*Grundgesetz*—, es decir, en la Constitución alemana. Esto no solo lo afirma explícitamente Alexy, sino que constituye, como ya se ha dicho, una constante en los ejemplos que menciona. Los numerosos ejemplos de ponderación de principios mencionados por Alexy lo son de principios constitucionales expresos y no de principios implícitos.

En la *Teoría de los Derechos Fundamentales*, más específicamente en el capítulo IX, al tratar de los derechos sociales, Alexy hace referencia a las normas de derechos fundamentales adscritas.[13] Las normas que garantizan los derechos

---

[13] Alexy, Robert, *Theorie der Grundrechte*, p. 454. Alexy afirma que es necesario diferenciar «entre los derechos prestacionales explícitamente estatuidos" en las constituciones de algunos países y los "interpretativamente adscritos"» («Es *ist zwischen explizit statuierten Leistungsrechten, wie sie sich in einer Reihe von Landesverfassungen fin-*

sociales fundamentales serían normas adscritas, ya que son normas no previstas expresamente en la Constitución alemana. Sin embargo, se derivarían de otras normas constitucionales expresas. La razón que llevó al Tribunal Constitucional Federal a considerar la existencia de tales normas vinculantes fue la necesidad de resolver el problema de los derechos sociales, que no están expresamente previstos en la Constitución alemana. En definitiva, al enfrentarse a esta cuestión, el Tribunal Constitucional tuvo que resolver si concluía que no existían derechos sociales en Alemania o si existían derechos sociales garantizados por normas adscritas, es decir, normas que se presuponen para el ejercicio de los derechos previstos en otras normas.[14]

Estas normas adscritas se acercan a la idea de principios implícitos mencionada por García Amado. Sin embargo, es necesario subrayar dos cosas: en primer lugar, no constituyen una creación de la teoría de los principios de Alexy. Lo que hace Alexy en el capítulo IX de su *Teoría de los Derechos Fundamentales* no es crear la idea de que los derechos sociales están previstos por normas adscritas o implícitas, sino que se limita a describir la práctica del Tribunal Constitucional alemán, consistente en considerar la existencia de tales normas. En segundo lugar, estas normas no constituyen una licencia del Tribunal Constitucional para que los jueces derroten las normas a su antojo, como sugiere García Amado. Son una construcción jurisprudencial específica para los derechos sociales creada por el tribunal con el fin de resolver un problema político: la ausencia en el texto de la Constitución alemana (*Grundgesetz*) de disposiciones que protegen los derechos sociales.

---

den, und interpretativ zugeordneten Leistungsrechten zu unterscheiden»), *ibídem,* pp. 454 y ss.).

14 *Ibídem,* pp. 468 ss.

Hasta ahora, el principal argumento de García Amado es que la teoría de los principios de Alexy utiliza principios que no están previstos en el Derecho positivo. A partir de ahora, como veremos, sus argumentos se vuelven contra la categorización de algunas normas constitucionales como principios.

4. LAS ESTRUCTURA CONDICIONAL DE LAS NORMAS

En este punto de su crítica, García Amado alude a la estructura condicional de las normas jurídicas, cuestión a la que concede gran importancia. Afirma que «las normas prototípicas que regulan las conductas tienen una estructura condicional, con antecedente y consecuente». Posteriormente, cita el artículo del Código Penal español que castiga el homicidio como ejemplo de este tipo de norma. A continuación, transcribe varias normas de la Constitución española que, en principio, no se entenderían fácilmente bajo esta estructura, pero que pueden, según él, ser reformuladas bajo la misma. Mencionaré tan solo una de las normas que reproduce, el artículo 1.1 de la Constitución Española, que dispone: «España propugna como valores superiores de su ordenamiento jurídico la libertad, la justicia, la igualdad y el pluralismo político».

Para García Amado, la teoría de Alexy sostiene que las reglas serían normas que tienen una estructura condicional, mientras que los principios serían mandatos de optimización. Así, normas como la del artículo 1.1 de la Constitución española no serían, para Alexy —en la forma en que lo interpreta García Amado—, condicionales, ya que, al ser principios, no podrían poseer este tipo de estructura. Sobre estas consideraciones iniciales de Amado quisiera hacer dos observaciones.

En primer lugar, Alexy no afirma que las reglas son normas que tienen una estructura condicional y los principios no. Lo que Alexy afirma es que, a diferencia de los principios, que son mandatos que pueden cumplirse o incumplirse en grados —mandatos de optimización—, las reglas son mandatos que solo pueden cumplirse o incumplirse, es decir, mandatos que no pueden cumplirse en grados o, lo que es lo mismo, mandatos definitivos —*definitive Gebote*—.[15] Por lo tanto, la relación que establece García Amado entre las normas condicionales y la distinción entre principios y reglas debe ser modificada.

En segundo lugar, para abordar las consideraciones de García Amado sobre la estructura condicional de las normas jurídicas tenemos que volver a la teoría que, en primer lugar, contribuyó a la comprensión de tal estructura: la teoría del gran teórico jurídico austriaco Hans Kelsen. En *Problemas Capitales de la Teoría Jurídica del Estado* (1911), Kelsen empezó a desarrollar la teoría de la estructura hipotética o condicional de las normas jurídicas.[16] Según Kelsen, la auténtica norma jurídica, la norma que establece un deber —que en sus escritos de los años 20 a los 50 denominó norma jurídica primaria—[17] tiene una estructura condicional o hipotética: *si a, debe ser b.* En la segunda edición de la *Teoría Pura del Derecho* (1960), Kelsen ya no denomina primarias a estas normas, pero sigue considerándolas como las auténticas normas jurídicas.[18] Sin embargo, todavía en la segunda edición de la *Teoría Pura del Derecho* Kelsen afirma que el ordenamiento jurídico contiene, además de la norma au-

---

15 *Ibídem*, pp. 75 ss.

16 Kelsen, Hans, *Hauptprobleme der Staatsrechtslehre — Entwickelt aus der Lehre vom Rechtssatze.*

17 Cf. Kelsen, Hans, *Allgemeine Staatslehre*, pp. 52-53; y Kelsen, Hans, *Reine Rechtslehre*, 1.ª ed., p. 30.

18 Kelsen, Hans, *Reine Rechtslehre*, 2.ª ed., p. 55.

téntica, otros tipos de normas que denomina no autónomas, entre ellas las normas de poder, las normas que fijan conceptos que aparecen en otras normas y las normas que derogan o limitan otras normas. Para Kelsen, estas normas no autónomas no vinculan un acto de fuerza como sanción a la realización de un supuesto de hecho, y, por lo tanto, no constituyen lo que durante gran parte de su obra denominó norma primaria hipotética.[19]

Otros autores amplían el significado de norma condicional más allá del sentido kelseniano. García Amado sigue esta línea, afirmando que normas como el artículo 1.1 de la Constitución española pueden ser interpretadas como normas que tienen esta estructura, siempre y cuando se considere la nulidad como sanción. Hay que reconocer que, en contra de Kelsen, varios autores consideran la nulidad como una sanción. En mi opinión, estos autores se equivocan, ya que, como afirma Kelsen, la nulidad no constituye un acto de coacción, lo cual no significa que no sea un efecto o consecuencia de la inobservancia de algunas normas jurídicas. Por razones de economía expositiva, no puedo tratar en profundidad esta cuestión aquí. Pero esto no es un problema, pues esta cuestión es secundaria en mi crítica a García Amado. Lo relevante es que la reconstrucción que él hace de normas como el artículo 1.1 de la Constitución española —y otras del mismo tipo— como norma condicional no es no es nada nuevo y no alcanza a la teoría de los principios de Alexy. Esto no resulta novedoso, ya que esta reconstrucción significa simplemente que las violaciones de normas como el artículo 1.1 tienen una consecuencia, a saber, la invalidez de la norma o decisión que viola la primera norma. Esto es generalmente aceptado por todos aquellos que consideran que las normas como el artículo 1.1 de la

---

19 *Ibídem*, pp. 55 y ss.

Constitución española son normas, y no textos decorativos plasmados en las constituciones. Esta crítica no alcanza a la teoría de Alexy debido a que esta teoría sostiene expresamente que la violación de un principio tiene consecuencias jurídicas. Ahora bien, como afirma expresamente Alexy, los principios son razones tanto para la producción de normas concretas —decisiones judiciales— como, sobre todo, para la producción de normas generales y universales —leyes—.[20] Así, la afirmación de que las normas que Alexy considera principios tienen como sanción la nulidad no solo no constituye una crítica a la teoría de Alexy, sino que refuerza el argumento de Alexy de que las normas como esta son razones para la producción de otras normas o decisiones, y de que las normas o decisiones que violan los principios constitucionales pierden su validez.

Tras las consideraciones iniciales antes expuestas, García Amado reconstruye varias normas del ordenamiento español de acuerdo con esta estructura condicional, que pueden dejarse de lado aquí, ya que para ellas vale la misma observación que acabo de hacer el artículo 1.1. de la Constitución española.

5. NORMAS CONSTITUCIONALES COMO MANDATOS DE OPTIMIZACIÓN

Como vimos previamente, García Amado sugiere que, en la teoría de los principios de Alexy, los principios son normas morales que conceden permiso a las personas para derrotar reglas jurídicas según su criterio. Ya he demostrado que esa afirmación carece de sustento, pues, como se vio, en la teoría de los principios de Alexy los principios aplicados son

20 Alexy, Robert, *Theorie der Grundrechte*, pp. 89 y ss.

principios de derecho positivo, esto es, los que están plasmados en la Constitución alemana.

Amado critica también la consideración de las normas constitucionales como mandatos de optimización. No obstante, como se verá también aquí, para articular su crítica repite la estrategia precedente de crear una teoría-objetivo que no se corresponde con la teoría de Alexy y que, de hecho, está bastante alejada de ella. Para explicar esta cuestión, dividiré mi análisis en cuatro partes: en la primera presentaré la crítica de García Amado a la interpretación de las normas constitucionales como mandatos de optimización (sección 5.1); en la segunda, mostraré que incurre en una confusión entre reglas y principios, en la medida en que cataloga como principios varias normas que, para Alexy, son reglas (sección 5.2); en la tercera, abordaré la relación entre principios y generalidad (sección 5.3); finalmente, en la cuarta parte (sección 5.4) me referiré al principio de proporcionalidad y a algunas críticas dirigidas al mismo.

5.1. La crítica de García Amado a la interpretación de normas constitucionales como mandatos de optimización

Según García Amado, no hay razón para interpretar como principios normas tales como el «principio» de buena fe y el artículo 1.1 de la Constitución española. En su opinión, no hay razón para considerar que la Constitución determine que los derechos previstos en normas como la del artículo 1.1 sean «lo más protegidos que se pueda y qué magnifico si lo que se puede es mucho y qué una pena si no da para más la protección posible a la vista de las circunstancias del momento». Para García Amado, «nuestras constituciones no marcan la dignidad, la libertad, la justicia o cualesquiera derechos con una especia de umbral móvil o de baremo relativo, sino que vienen a determinar que lo indiscutiblemente indigno, injusto, incompatible con el honor de las personas y con el libre desarrollo de la personalidad, etc., es inconstitucional». Y añade que «si la tortura está constitucionalmente prohibida y lo está por su radical incompatibilidad con la dignidad humana, ello no significa que en cada situación haya que ver o comprobar hasta dónde se puede torturar o no: sencillamente, no se pueden torturar porque la Constitución prohíbe sin excepción la tortura y tampoco a base de ponderar o pesar circunstancias o crear conflictos con otros derechos o principios se justifica que se hagan excepciones. No se puede torturar y no hay más que hablar, que pesar o que calcular».

Tras verter estas palabras, García Amado reconoce que las leyes y la Constitución contienen locuciones y expresiones muy indeterminadas que solo pueden aplicarse por vía interpretativa, como la expresión «buena fe» del Código Civil. Sin embargo, según él, las normas que son reglas en el sentido de Alexy también pueden incorporar expresiones muy abiertas, como la norma del Código Civil que establece que los contratos no pueden violar las leyes, la moral y el orden público. A continuación, afirma que cuando, por ejemplo, el Tribunal Constitucional Federal Alemán determina que la ley que autorizaba el derribo de aviones es inconstitucional, no se trata de una ponderación en la que esté implicada la dignidad, es decir, el Tribunal «no pondera a ver si en el caso son mejores las razones para protegerla o para que como derecho, principio o valor sea la dignidad derrotada». Y añade: «Si una ley es incompatible con la dignidad de las personas, entonces es inconstitucional. Y se acabó. Estructura condicional ciento por ciento».

En resumen, García Amado considera que tratar algunas normas constitucionales como principios permite hacer excepciones a derechos que deben ser garantizados imperativamente y sin excepciones. En este sentido, también afirma que tratar la legalidad y la irretroactividad como principios significa que deben cumplirse, pero que en caso de crisis admiten excepciones.

5.2. La confusión de García Amado entre principios y reglas

Los argumentos de García Amado en estos pasajes semejan irrefutables. Más aún, parecen querer decir no solo que la teoría de los principios de Alexy constituye una reconstrucción inadecuada del Derecho, sino también, y, sobre todo, que constituye una teoría que permite las más graves atrocidades, entre ellas la relativización de la tortura, de la máxima de legalidad y de la irretroactividad.

Sin embargo, todas estas contundentes afirmaciones de Amado se basan en un malentendido básico: las normas que cita como principios en el sentido de Alexy no son, de hecho, principios para Alexy, sino reglas. Explicaré esto con mayor detalle.

Contra lo que afirma García Amado, ni Alexy ni su teoría sostienen que la prohibición de la tortura sea un principio. Para Alexy, la prohibición de la tortura no es un principio, ya que el mandato «no torturar» no admite el cumplimiento o el incumplimiento en grados. O se tortura o no se tortura y, para Alexy, la norma que prohíbe la tortura es una regla,[21] como es el caso de la norma expresa de la Constitución española, el artículo 15, que dispone: «Todos tienen derecho a la vida y a la integridad física y moral, sin que, en ningún caso, puedan ser sometidos a tortura ni a penas o tratos inhumanos o degradantes». El hecho de que, para Alexy, una norma constitucional sea el resultado de una

---

[21] Alexy afirma que las condiciones para que se admita la tortura en casos reales son inexistentes en la práctica. *Cfr.* Alexy, Robert, *Menschenwürde und Verhältnismäßigkeit*, pp. 503 y 511.

ponderación realizada por el propio legislador constitucional originario entre la dignidad humana y otros principios no significa que esa norma, resultado de una ponderación, sea un principio. Al tratarse de una norma regla constitucional que es el resultado de una ponderación, Alexy entiende que la misma, tal y como afirma García Amado, no puede ser ponderada. Cuando la prohibición está en la ley, y no en la Constitución, es posible el control de constitucionalidad, pero es válido lo dicho anteriormente: la regla es el resultado de la ponderación entre principios, pero no es en sí misma un principio.

Lo mismo ocurre con las normas que mandatan el respeto a la legalidad y la irretroactividad de las leyes. Se trata de reglas, ya que son mandatos definitivos y no mandatos de optimización. La máxima de la legalidad no puede cumplirse ni incumplirse en grados. Exactamente por eso, Alexy afirma expresamente en la *Teoría de los Derechos Fundamentales* que se trata de una regla.[22] También la máxima de la irretroactividad de las leyes debe ser caracterizada como una regla, justamente porque no puede ser cumplida o incumplida en grados.

Al catalogar a la legalidad y la irretroactividad como principios, Amado comete dos malentendidos básicos, a saber, (i) confundir los principios en el sentido de Alexy con reglas muy generales y (ii) confundir los principios en el sentido de Alexy con las reglas que tradicionalmente son denominadas «principios». Un principio es, para Alexy, un mandato de optimización, mientras que una regla es un mandato definitivo. En su *Teoría de los Derechos Fundamentales*, Alexy afirmó expresamente que no todas las normas muy generales son principios.[23] Es innegable que la lega-

---

22 Alexy, Robert *Theorie der Grundrechte*, p. 92.

23 *Ibídem*, pp. 92 y ss.

lidad tradicionalmente ha sido considerada un principio. Pero eso no significa que sea un principio en el sentido de Alexy. Para Alexy, no importa si una norma es muy general o si tradicionalmente ha sido denominada principio; si es un mandato definitivo, como lo son las prohibiciones de la tortura y de la irretroactividad y también la máxima de legalidad, será una regla.

Estas consideraciones se aplican a otros ejemplos citados por García Amado que pueden dejarse de lado aquí. En resumen, García Amado combate una teoría que no ha sido defendida por Alexy, sino un simulacro de ella, olvida que Alexy ha afirmado que las normas generales no son siempre principios y sostiene que, en su teoría, Alexy defiende posiciones que no defiende. También ignora que la teoría de los principios de Alexy está anclada en una doctrina dogmática de los derechos fundamentales que, precisamente, va más allá de la comprensión de los principios como meros «valores a ponderar» e incorpora esta distinción doctrinal en una discusión sobre el ámbito de protección a los derechos fundamentales partiendo de su estructura constitucional.

5.3. Principios y generalidad

El hecho de que, en la teoría de Alexy, no todas las normas generales sean principios no significa que no haya principios generales ni que los principios no sean generales. Al tener en cuenta la afirmación de Alexy, ya mencionada anteriormente, de acuerdo con la cual no todas las normas muy generales son principios[24] aunque los principios tiendan a ser generales, entiendo que puede sintetizarse la relación entre generalidad y principios en Alexy de la siguiente manera: las normas generales tienden a ser principios, pero

---

24 Alexy, Robert *Theorie der Grundrechte*, p. 92 s.

pueden ser reglas. Un ejemplo de regla general que no es un principio es la ya mencionada máxima de la legalidad. Ejemplos de normas generales que constituyen principios en la teoría de Alexy son, entre otras, las que protegen la libertad, la salud y la norma de la Constitución española mencionada por García Amado que establece que España propugna como valor superior la justicia.

El hecho de que los principios sean generales significa que la indeterminación de su aplicación es mayor que la indeterminación de la aplicación de las reglas, que, a menudo —pero no siempre—, son menos generales.

García Amado tiene razón al destacar el problema de la indeterminación que genera la aplicación de las normas generales, problema que, como subraya, ya había sido señalado por Kelsen. ¡Pero esto no es un problema de la teoría de los principios de Alexy, sino de la generalidad de algunas normas jurídicas! Por esta razón, este argumento no constituye una crítica a la teoría de Alexy. La indeterminación es una característica relacionada con la gran generalidad de ciertas normas jurídicas. La indeterminación es una característica del Derecho, no de la teoría de los principios de Alexy. En su versión alemana, esta fue concebida exactamente para resolver lo que yo llamo el desafío kelseniano, a saber, el desafío de la indeterminación de la aplicación del Derecho.

Para Alexy, los derechos fundamentales pueden garantizarse mediante reglas o principios. Cuando dos derechos fundamentales garantizados por principios colisionan, los criterios tradicionales de la metodología jurídica no sirven para resolver el conflicto, ya que, al estar en la misma constitución los criterios jerárquico y cronológico, no pueden resolver el conflicto. El criterio restante, el de la generalidad, tampoco resuelve la cuestión, ya que dos derechos fundamentales previstos por principios son muy generales. Una solución sería afirmar, como hace García Amado, que el Tribunal Constitucional debería poder fijar el sentido de las normas muy abiertas, es decir, su contenido mínimo. Pero esta tesis es insuficiente. Sostener que los tribunales constitucionales deben tener el poder de fijar el significado de las normas abiertas sin ofrecer una metodología para que realicen esta tarea implica asumir el poder discrecional de estos tribunales. Así, al final, García Amado fomenta exactamente lo que quiere combatir: la discrecionalidad de los jueces.

5.4. La ponderación y el principio de proporcionalidad

En la *Teoría de los Derechos Fundamentales* de Alexy, las colisiones entre principios que garantizan derechos fundamentales se resuelven mediante la ponderación, cuya estructura se expresa a través del principio o máxima de proporcionalidad (*Verhältnismäßigkeit Grundsatz*),[25] que significa que, en la elección de la medida para resolver una colisión entre derechos fundamentales garantizados por principios, el grado de lesión de un principio tiene que ser compensado por el grado de importancia del cumplimiento del otro principio; de lo contrario, la medida será desproporcionada.[26]

Por lo tanto, la ponderación significa medir estos grados y compararlos. Según algunos autores, esta medición no sería posible. Poco después de la publicación de la *Teoría de los Derechos Fundamentales* de Alexy, la ponderación fue objeto de varias críticas en Alemania. Mencionaré dos de los críticos más importantes. En 1990, Böckenförde consideró que la teoría de los principios conduciría a un exceso de derechos fundamentales, que permearían todo el ordenamiento jurídico, al grado de que el ordenamiento jurídico estaría

---

25 Alexy, Robert, *Theorie der Grundrechte*, pp. 100 y ss.
26 *Ídem.*

íntegramente contenido en la Constitución. Por eso, según Böckenförde, la teoría de los principios atribuye demasiado poder a los jueces, y representa «la transición de un Estado legislativo parlamentario a un Estado jurisdiccional constitucional».[27] En 1992, Habermas cuestionó la racionalidad de la ponderación, es decir, la existencia de mandatos de optimización en el Derecho y la posibilidad de alcanzar juicios racionales sobre el grado de violación de un principio y la importancia del cumplimiento del otro cuando entran en conflicto.[28]

Es interesante que García Amado no mencione estas y otras críticas similares a la teoría de los principios. Creo que las omite por dos razones peculiares: primero, porque tienen puntos similares a su crítica, y segundo, porque ya han sido contestadas por Alexy.

Por lo tanto, en la medida en que la crítica de García Amado se asemeja a estas criticas, es bueno releer la respuesta de Alexy a las mismas para comprobar si responden también a la crítica de García Amado. Veamos: las críticas de Habermas y Böckenförde parten de la base de que no puede haber mandatos de optimización porque, como ya se ha dicho, los juicios sobre los grados de cumplimiento serían subjetivos. Alexy ya ha escrito innumerables páginas afirmando que los juicios sobre lo más y lo menos en Derecho y filosofía moral no son relativos.

En términos generales, para Alexy tales juicios son racionales, en la medida en que puedan fundamentarse racionalmente en un discurso.[29] Cuando se trata de una argumentación no vinculada al Derecho nos situamos un discurso

27 Böckenförde, Ernst-Wolfgang, *Grundrechte als Grundsatznormen*, p. 197.

28 Habermas, Jürgen, *Fakzität und Geltung*, pp. 315 y ss.

29 Alexy, Robert, *Die Konstruktion der Grundrechte.*

o argumentación práctica general; cuando se trata de una argumentación en relación con el Derecho, como es el caso de la aplicación de los principios de Derecho positivo que constituyen el objeto de la teoría de los principios, nos situamos en un discurso jurídico. La ponderación no es un proceso metodológicamente incontrolado, como sugiere García Amado. Ponderar no es elegir entre dos principios sin explicar las razones de la elección; la teoría de los principios no autoriza a los jueces a sacar conejos de la chistera. Existe un marco, determinado por la máxima de proporcionalidad, para medir y comparar los grados de violación de un principio y importancia del cumplimiento de otro principio.

Según el propio Alexy, la *Teoría de la Argumentación Jurídica,* obra que publicó en 1978,[30] está expresamente relacionada con la teoría de los principios.[31] Esta conexión significa que las sentencias sobre los grados deben estar racionalmente fundamentadas de acuerdo con el discurso jurídico. García Amado también hace caso omiso de este extremo.

Por último, conviene decir unas palabras sobre un tema muy importante de la teoría de los principios que Amado también omite: los principios formales. La mención de este tema es importante porque se refiere exactamente a algo que subyace en la crítica de Amado: la teoría de los principios desconocería el valor de las decisiones del legislador, generando así inseguridad jurídica. Ya en el capítulo III de la *Teoría de los Derechos Fundamentales* Alexy señaló el hecho de que, junto a la ponderación entre dos principios materiales, los principios formales —entre ellos el principio de

---

30 Alexy, Robert, *Theorie der juristischen Argumentation – Die Theorie des rationalen Diskurses als Theorie des juristischen Begründung.*

31 Alexy, Robert, *Theorie der Grundechte,* pp. 498 y ss.

seguridad jurídica y el principio de respeto al legislador democráticamente legitimado— deben ser considerados razones para obedecer la decisión de una autoridad: por ejemplo, el legislador.[32] En la teoría de los principios de Alexy, el control de constitucionalidad se reconstruye de la siguiente manera: el legislador, al aprobar una ley, lleva a cabo una ponderación entre dos principios constitucionales. El tribunal constitucional, al examinar si la ley es inconstitucional o no, realiza una nueva ponderación. Si la ponderación a la que llega el tribunal es diferente a la realizada por el legislador, existe, en teoría, inconstitucionalidad.[33] Sin embargo, los principios formales cambian un poco este juego —por ejemplo, añadiendo peso a la ponderación del legislador—. Esto significa que, en virtud de los principios formales, el Tribunal Constitucional solo puede declarar la inconstitucionalidad de una ley cuando esta es significativa y muy clara; en caso de duda, el principio formal de respeto a las decisiones del legislador cuenta como razón para mantener la decisión legislativa.[34] Existen varios modelos de principios formales desarrollados dentro de la teoría de los principios: dos de Robert Alexy (el primero es de 1985 y el segundo ha sido elaborado a partir de 2014),[35] uno de Jan-Reinard Sieckmann (a partir del 1990)[36] y uno de Martin Borowski (a partir de 1988).[37] No hay espacio para abordarlos aquí. Sin embargo, baste decir que lo dicho aquí sobre los principios formales muestra que garantizan que el control de constitucionalidad no genere inseguridad jurídica. Por eso,

---

32 *Ibídem*, pp. 117 y 120.

33 *Cfr.* Borowski, Martin, *Formelle Prinzipien und Gewichtsformel*, p. 99

34 *Cfr.* Alexy, Robert, «Formal Principles.Some Replies to Critics», pp. 522 y ss.

35 BOROWSKI, Martin y Trivisonno, Alexandre Travessoni Gomes, «Os Modelos de Princípios Formais», pp. 26 y ss.

36 *Ibídem*, pp. 29 y ss.

37 *Ibídem*, pp. 31 y ss.

es necesario tenerlos en cuenta en cualquier crítica seria y actualizada a la teoría de los principios. Lamentablemente, los principios formales están completamente ausentes en la crítica de García Amado.

La indeterminación en la aplicación de las normas generales es un problema fundamental de la aplicación del Derecho. Pero este problema no lo crea la teoría de los principios; por el contrario, trata de minimizarlo. La teoría de los principios —que, como toda teoría, presenta aspectos problemáticos y merece críticas— tiene el innegable mérito de ser un intento exitoso de reducir el poder discrecional de los jueces generado por la apertura del lenguaje de algunas normas jurídicas.

6. CONCLUSIÓN

Toda teoría puede y debe ser criticada. Sin embargo, como se ha señalado anteriormente, para el desarrollo de la ciencia, la crítica de una teoría también tiene que ser objeto de crítica. La teoría de los principios de Robert Alexy puede ser criticada en varios puntos, pero, como he intentado mostrar más arriba, la crítica de García Amado no se dirige a la teoría de los principios de Alexy, sino a un simulacro de la misma. Este simulacro construido por García Amado no tiene casi ningún parecido con la teoría de Alexy: en contra de lo que afirma García Amado, la teoría de los principios de Alexy no sostiene que las normas puedan ser derrotadas por infinitos principios morales, no sostiene que los acusados puedan ser condenados sin una ley previa que defina el delito, no sostiene que la tortura esté autorizada por la constitución, no otorga una amplia facultad a los jueces y mucho menos a los ciudadanos en general para negar la validez de las normas producidas autoritativamente. Por el contrario, es una teoría que trata de reducir y limitar la discrecionalidad en la aplicación del Derecho, discrecionalidad derivada de las características del propio Derecho y no de la teoría de los principios.

Las críticas de García Amado a la idea de los principios pueden dividirse en dos grupos. Como hemos visto, en ambos grupos las ideas de Alexy están distorsionadas. En un primer grupo de críticas, que he analizado en la sección 3 de este trabajo, García Amado hace un enorme esfuerzo para mostrar que los principios son, en la teoría de los principios de Alexy, principios morales. Esta crítica fracasa porque, como se ha demostrado anteriormente con apoyatura en varias citas de los textos de Alexy, los principios son, para él, normas de Derecho positivo. García Amado parece confundir en este punto la teoría de Alexy, construida como una teoría dogmática de los derechos fundamentales, es decir, una teoría según la cual los principios son normas constitucionales positivas, con la teoría de Ronald Dworkin, para quien los principios provienen no solo del material autoritativo, sino también de un «censo de adecuación desarrollado por los juristas a lo largo del tiempo». Tal vez pueda afirmarse que en Dworkin existe una mayor relación entre los principios jurídicos y la moral, o incluso que los principios jurídicos tienen su origen en la moral. Pero esta imputación es absolutamente incorrecta si se dirige contra la teoría de los principios de Robert Alexy.

En el segundo grupo de críticas, que he analizado en las secciones 4 y 5 de este trabajo, García Amado admite que los principios de Alexy son normas constitucionales. Su estrategia para intentar demostrar que la teoría es incorrecta es, también aquí, distorsionarla. Como hemos visto en la sección 4, García Amado utiliza la idea de las normas condicionales para tratar de invalidar la tesis de que los principios son mandatos de optimización, lo cual, como vimos, es insostenible. Como también hemos visto, en la sección 5 García Amado afirma que la interpretación de algunas normas constitucionales como principios relativizaría los derechos, que son absolutos. Aquí también, García Amado distorsiona completamente la teoría que quiere criticar.

Finalmente, como he tratado de mostrar en la sección 6, García Amado se enfrenta a un problema, que es el de la indeterminación provocada por la generalidad —o abstracción— de las normas jurídicas, es decir, por el hecho de que las normas jurídicas son indeterminadas, y atribuye este problema a la teoría de Alexy, cuando lo que en realidad hace la teoría de los principios de Alexy es intentar minimizar racionalmente este problema.

BIBLIOGRAFÍA

Alexy, Robert, *Begriff und Geltung des Rechts*, 2. ed., Freiburg/ München: Verlag Karl Alber, 1994.

— «Die Konstruktion der Grundrechte», en L. Clérico y J.-R. Sieckmann (orgs.), *Grundrechte, Prinzipien und Argumentation: Studien zur Rechtstheorie Robert Alexys*, Baden-Baden: Nomos, 2009, pp. 9-19.

— «Formal Principles-Some replies to critics», *International Journal of Constitutional Law*, 12, 2014, pp. 511-524.

— «Ideales Sollen», en L. Clérico y J.-R. Sieckmann (orgs.), *Grundrechte, Prinzipien und Argumentation: Studien zur Rechtstheorie Robert Alexys*, Baden-Baden: Nomos, 2009, pp. 21-38.

— «Menschenwürde und Verhältnismäßigkeit», *Archiv des öffentlichen Rechts*, 140(4), 2015, pp. 497-513.

— *Theorie der Grundrechte*, Frankfurt am Main: Suhrkamp, 1994.

— «The dual Nature of Law», *Ratio Juris*, 23(2), June 2010, pp. 167-82.

— *Theorie der juristischen Argumentation: die Theorie des rationalen Diskurses als Theorie der juristischen Begründung*, Frankfurt am Main: Suhrkamp, 1996.

— «Zur Kritik des Rechtspositivismus», en R. Dreier (org.), *Rechtspositivismus und Wertbezug des Rechts. Vorträge der Tagung der deutschen Sektion der internationalen Vereinigung f. Rechts– und Sozialphilosophie (IVR) in der Bundesrepublik Deutschland*, Göttingen, 12.-14. Oktober 1988, Stuttgart, 1990, p. 9-26.

Böckenförde, Ernst-Wolfgang, «Grundrechte als Grundsatznormen – Zur gegenwärtigen Lage der Grundrechtsdogmatik», *Der Staat*, 29(1), 1990, p. 1-31.

Borowski, Martin. «Formelle Prinzipien und Gewichtsformel», en M. Klatt, (org.), *Prinzipientheorie und Theorie der Abwägung*, Tübingen, 2013, pp. 151-199.

Borowski, Martin y Trivisonno, Alexandre Travessoni Gomes, «Os Modelos de Princípios Formais», en A. T. G. Trivisonno e M. Borowski (orgs.), *O debate sobre a teoria dos princípios formais de Robert Alexy*, São Paulo, 2022, pp. 24-39.

Habermas, Jürgen, *Fakzität und Geltung – Beiträge zur Diskurstheorie des Rechts und des demokratischen Rechtsstaats*, Frankfurt am Main: Suhrkamp, 1992.

Kelsen, Hans, *Allgemeine Staatslehre.* Berlin/Heidelberg/New York: Springer-Verlag, 1925.

— *Hauptprobleme der Staatsrechtslehre, entwickelt aus der Lehre vom Rechtssatze*, 2. Auflage. Tübingen: J.C.B. Mohr, 1923.

— *Reine Rechtslehre – Einleitung in die Rechtswissenschaftliche Problematik*, Auflage, 1ª ed. Leipzig/Wien: Franz Deuticke, 1.ª ed., 1934.

— *Reine Rechtslehre*, 2.ª ed, Auflage (Nachdruck), Wien: Österreich Verlag, 2000.

II. LA APLICACIÓN JUDICIAL DE LOS DERECHOS HUMANOS: LA POSIBLE CORRECCIÓN

LA INTERPRETACIÓN JUDICIAL DE LOS DERECHOS HUMANOS

Alexandre Travessoni Gomes Trivisonno*

1. INTRODUCCIÓN

La cuestión principal en el debate científico sobre la aplicación del Derecho en los tribunales es la indeterminación. En el caso de los derechos humanos, la indeterminación tiene dos causas principales: (i) la generalidad de algunos derechos humanos[1] y (ii) las colisiones entre derechos humanos.

(i) Normalmente, los derechos humanos se consideran muy generales, pero hay también derechos humanos más específicos. Tomemos, por ejemplo, algunas normas de la Constitución Política de los Estados Unidos Mexicanos. Junto a algunos derechos humanos muy generales —entre ellos, el derecho a la educación, consagrado en estos términos al principio del artículo 3º: *«Toda persona tiene derecho a la educación»*—, también se encuentran normas más detalladas, como las que están plasmadas en el propio artículo

---

* Profesor catedrático de Teoría y Filosofía del Derecho en la Facultad de Derecho de la Universidad Federal de Minas Gerais; profesor de la Facultad de Derecho de la Pontificia Universidad Católica de Minas Gerais.
Conferencia disertada el 6 de septiembre de 2022, en la Escuela Judicial del Estado de México. Agradezco al Prof. Alejandro Nava Tovar su valiosa revisión y consejos sobre el estilo lingüístico de este texto.

1 Alexy, Robert, «Menschenrechte ohne Metaphysik», p. 16.; Alexy, Robert, «Grundrechte im demokratischen Verfassungsstaat», p. 30 s. La indeterminación provocada por la generalidad de la ley fue abordada de forma destacada por Kelsen, Hans, *Reine Rechtslehre*, 1.ª ed. pp. 90 ss.

3º, que dispone: «El Estado-Federación, Estados, Ciudad de México y Municipios impartirá y garantizará la educación inicial, preescolar, primaria, secundaria, media superior y superior. La educación inicial, preescolar, primaria y secundaria, conforman la educación básica; ésta y la media superior serán obligatorias, la educación superior lo será en términos de la fracción X del presente artículo. La educación inicial es un derecho de la niñez y será responsabilidad del Estado concientizar sobre su importancia».

A la luz de ejemplos como estos surgen dos cuestiones importantes: en primer lugar, hay que investigar si todos los derechos que el legislador considera derechos humanos o fundamentales, independientemente de su grado de generalidad, son de hecho derechos humanos o fundamentales. En segundo término, hay que investigar cómo debe abordarse la cuestión de la indeterminación de la aplicación de los derechos humanos o fundamentales, o al menos de algunos de ellos, a saber, los que son muy generales.

(ii) A menudo, los derechos humanos entran en conflicto. Cuando se trata de derechos humanos consagrados en el mismo documento, por ejemplo, en la misma constitución o en la misma declaración de derecho internacional, no resulta posible recurrir al criterio cronológico (*lex posterior derogat priori*) ni al criterio jerárquico (*lex superior derogat inferiori*) para resolver la antinomia. Si estos derechos en conflicto presentan diferentes grados de generalidad —por ejemplo, un derecho muy general frente a un derecho más especial—, la cuestión puede seguir resolviéndose con el criterio de generalidad, también llamado criterio de especialidad (*lex specialis derogat generali*). Sin embargo, cuando los dos derechos que colisionan tienen el mismo grado de generalidad, los criterios tradicionales para resolver las antinomias son insuficientes y, por tanto, existe una indeterminación en cuanto a la solución del conflicto normativo.[2]

En este trabajo me propongo abordar las propuestas formuladas para tratar el problema de la indeterminación en la aplicación de los derechos humanos. A tal efecto, en la sección 2 empezaré con el tratamiento de las cuestiones terminológicas y conceptuales básicas que atañen a los derechos humanos o fundamentales. Abordaré cuestiones muy sencillas e incluso elementales. No obstante, en ocasiones hay que investigar lo que es obvio para evitar confusiones que luego generan grandes problemas. En la sección 3 abordaré las dos tesis fuertes sobre la interpretación del derecho: la tesis de la indeterminación (Kelsen) y la tesis de la única respuesta correcta (Dworkin). Posteriormente, en la sección 4 haré referencia a la teoría de la aplicación del Derecho de Robert Alexy. En la sección 5 presentaré la que constituye, a mi juicio, la mejor solución para solventar la cuestión de la indeterminación o no indeterminación de la aplicación de los derechos en general, y de los derechos humanos o fundamentales en particular.

2. DERECHOS HUMANOS O FUNDAMENTALES: CUESTIONES TERMINOLÓGICAS Y CONCEPTUALES BÁSICAS[3]

2.1. Cuestiones terminológicas

En el plano del Derecho positivo, las constituciones de los Estados modernos emplean los términos derechos huma-

---

2 Sobre la insuficiencia de la metodología tradicional en la aplicación del derecho y la necesidad de desarrollar una teoría de la argumentación, *cfr.* Alexy, Robert, *Theorie der juristischen Argumentation,* pp. 17 y ss., y 288 y ss.

3 Sobre esto, *cfr.* Trivisonno, Alexandre Travessoni Gomes, «Direitos humanos e fundamentais: questões conceituais».

nos y derechos fundamentales para referirse a los derechos más importantes que poseen los individuos. La primera expresión, «derechos humanos», aparece, por ejemplo, en la Constitución Política de los Estados Unidos Mexicanos. La segunda, «derechos fundamentales», aparece en los textos constitucionales de Brasil y Alemania (*Grundrechte*). Además, aún en el plano del Derecho positivo, las declaraciones de derechos establecidas en el marco del Derecho internacional público se refieren generalmente a los derechos más fundamentales del ser humano como derechos humanos o derechos del hombre. Así ocurre, por ejemplo, en la Declaración Universal de Derechos Humanos, de 1948, y en la Declaración Americana de los Derechos y Deberes del Hombre, también de 1948. Por último, en los Estados Unidos la doctrina suele referirse a los derechos humanos más fundamentales como «derechos civiles» (*civil rights*).

En el plano de la filosofía del Derecho, la expresión «derechos humanos» se utiliza también para hacer referencia a un conjunto de derechos que el ser humano posee en cuanto ser humano, es decir, independientemente de la existencia de normas jurídicas positivas que los reconozcan y los garanticen. En este sentido, los derechos humanos son derechos morales que, como tales, son derechos prepositivos.[4]

Puede parecer extraño hablar de un «derecho moral» porque un «derecho» —subjetivo— lleva implícita la idea de pertenencia al Derecho, esto es, su carácter «jurídico». Pero esto no es correcto: en su sentido subjetivo, la palabra derecho designa no solo el correlato de un deber jurídico, sino también el de un deber moral. Así, por un lado, el acreedor

---

4 *Cfr.* Alexy, Robert, «Menschenrechte ohne Metaphysik», p. 16; Borowski, Martin, *Grundrechte als Prinzipien*, 3.ª ed. p. 39; Trivisonno, Alexandre Travesoni Gomes, «Direitos humanos e fundamentais: questões conceituais», p. 7 y ss., y p. 11.

afirma tener «derecho» a recibir una determinada cantidad de dinero o un determinado bien —en la medida en que el deudor tiene el deber jurídico de pagar o dar el bien—; aquí se trata de un derecho que es el correlato de un deber jurídico; por otro lado, la persona que participa en una discusión sobre un asunto grave también afirma tener «derecho» a exigir que su interlocutor no mienta —en la medida en que el interlocutor tiene el deber moral de no mentir—. En el segundo caso, el «derecho» no es el correlato de un deber jurídico, sino de un deber moral. Este segundo tipo de uso está consagrado en el lenguaje coloquial de diferentes tradiciones lingüísticas como el portugués, el español, el alemán y el inglés, por citar algunos ejemplos. Pero no solo en el lenguaje coloquial se utiliza la palabra derecho como correlato de un deber moral. En la Introducción a la *Metafísica de las Costumbres*, Kant afirma que cada vez que hay un deber, ya sea moral o jurídico, hay un derecho correspondiente.[5] Así, cuando decimos que los derechos humanos son «derechos morales», queremos decir que son correlatos de deberes morales, y no de deberes jurídicos.

En las expresiones «derechos humanos» y «derechos fundamentales», ya sea en el sentido de un conjunto de derechos positivizados por la ley (interna o internacional) o en el sentido de derechos morales prepositivos, la palabra «derecho» aparece en su aspecto subjetivo, es decir, denota un derecho de un sujeto o de un grupo de sujetos y no una norma o un conjunto de normas de actuación (Derecho objetivo). Los derechos humanos y/o los derechos fundamentales son, por tanto, derechos subjetivos, esto es, derechos que determinadas personas poseen.

A partir de las conclusiones anteriores, pueden resumirse las cuestiones conceptuales del siguiente modo:

---

5 Kant, Immanuel, *Die Metaphysik der Sitten*, AA VI, p. 239.

<table>
<tr><td colspan="2">Derechos subjetivos pre-positivos o morales</td><td>→ positivización →</td><td>Derechos subjetivos positivos (positivizados)</td></tr>
<tr><td rowspan="2">Derechos humanos</td><td rowspan="2">{</td><td>→ positivización a través del derecho nacional →</td><td>Derechos humanos o derechos fundamentales</td></tr>
<tr><td>→ positivización a través del derecho internacional →</td><td>Derechos humanos</td></tr>
</table>

En la medida en que esta terminología puede dar lugar a una posible confusión, es conveniente diferenciar y especificar los distintos significados de los derechos humanos con expresiones más precisas. Así, propongo añadir los términos «nacionales» a la expresión derechos humanos cuando hace referencia a los derechos humanos positivizados por el Estado, e «internacionales» a la expresión derechos humanos cuando se refiere a los derechos positivizados por el orden jurídico internacional:

<table>
<tr><td colspan="2">Derechos subjetivos pre-positivos o morales</td><td>→ positivización →</td><td>Derechos subjetivos positivos (positivizados)</td></tr>
<tr><td rowspan="2">Derechos humanos</td><td rowspan="2">{</td><td>→ positivización a través
del derecho nacional →</td><td>Derechos humanos nacionales o derechos fundamentales</td></tr>
<tr><td>→ positivización a través del derecho internacional→</td><td>Derechos humanos internacionales</td></tr>
</table>

En adelante, adoptaré la terminología propuesta en este marco, es decir: (i) la expresión «derechos humanos» designará los derechos morales o prepositivos; (ii) la expresión «derechos humanos nacionales» designará los derechos garantizados en las constituciones de los Estados, como sucede, por ejemplo, en México —es decir, aquí la expresión «derechos humanos» es sinónima de la expresión «derechos fundamentales»—; (iii) la expresión «derechos humanos internacionales» designará los derechos garantizados en las declaraciones internacionales de derechos.

Dado que los tribunales de justicia aplican el Derecho positivo y no la moral, la aplicación de los derechos humanos en sede judicial constituye la aplicación de los derechos humanos nacionales —esto es, los derechos humanos garantizados en las constituciones de los Estados— o de los derechos humanos internacionales —es decir, los derechos humanos garantizados por las declaraciones de derecho internacional—.

Además del problema ya mencionado, otras cuestiones terminológicas importantes reenvían al carácter «fundamental» y al carácter «humano» de los derechos humanos y/o fundamentales. Tanto si se consideran derechos prepositivos como si se consideran derechos positivizados, los derechos humanos son principalmente (i) derechos de los seres humanos y (ii) derechos que no protegen todos y cada uno de los bienes sociales, sino solo los bienes sociales más importantes, esto es, los bienes sociales esenciales o fundamentales.[6] En este sentido, tanto los derechos humanos concebidos a la manera de derechos morales como

6 *Cfr.* Alexy, Robert, «Menschenrechte ohne Metaphysik», p. 16.; Borowski, Martin *Grundrechte als Prinzipien*, p. 42; Trivisonno, Alexandre Travessoni Gomes «Direitos humanos e fundamentais: questões conceituais», p. 11.

los derechos humanos positivizados —dicho en otras palabras, los derechos humanos nacionales e internacionales— son derechos «fundamentales». De ello se desprende que, cuando se afirma que los derechos humanos son derechos fundamentales, la palabra «fundamental» no significa necesariamente que estos derechos estén consagrados en la «Ley Fundamental» (*Grundgesetz*), o sea, en la constitución —que es el modo en que se utiliza la expresión «derechos fundamentales» en Alemania—, sino que estos derechos son esenciales, básicos, fundamentales, es decir, derechos muy importantes: derechos que fundamentan otros derechos.

2.2. Cuestiones conceptuales

Ya sea con respecto a los derechos humanos entendidos como derechos morales o con respecto a los derechos humanos positivizados, es decir, con respecto a los derechos humanos nacionales o internacionales, la generalidad parece desempeñar un papel muy relevante, hasta el punto de que algunos autores definen tanto a los derechos humanos entendidos como derechos morales como a los derechos humanos positivizados como derechos muy generales. Así, por ejemplo, Robert Alexy define los derechos humanos (prepositivos) como (a) universales, (b) fundamentales, (c) abstractos, (d) morales que tienen (e) prioridad sobre otros derechos.[7] Por otro lado, al definir los derechos fundamentales, a los que me refiero aquí como derechos humanos nacionales, Alexy afirma que se caracterizan por cuatro «extremos»: son derechos que poseen (a') el mayor grado, (b') el mayor potencial ejecutorio, (c') los conteni-

---

7 Alexy, Robert, «Menschenrechte ohne Metaphysik», p. 16.

dos más importantes y (d') la mayor apertura dentro del sistema jurídico.[8]

Así pues, la generalidad sería una característica tanto de los derechos humanos prepositivos como de los derechos humanos positivos nacionales. Pero un examen de las declaraciones internacionales de derechos muestra que también los derechos humanos internacionales suelen ser bastante generales. La generalidad de los derechos humanos, que a veces se denomina «abstracción» y otras «textura abierta»[9] o «mayor apertura», significa que las normas que garantizan los derechos humanos (ya sean derechos humanos prepositivos o derechos humanos positivos [nacionales e internacionales]) no determinan exactamente lo que hay que hacer, es decir, lo que debe ser, sino que se limitan a señalar pautas generales de actuación.

Cabe preguntarse si el grado de generalidad de los derechos humanos como derechos morales es el mismo que el grado de generalidad de los derechos humanos como derechos positivizados —nacionales o internacionales—. Un ejemplo puede ser útil para mostrar el camino hacia la solución de esta difícil cuestión. Tomemos el derecho humano al trabajo. Como derecho humano pre-positivo, es decir, como derecho moral, el derecho al trabajo parece ser muy general. Decir que alguien tiene derecho al trabajo significa —dada la generalidad del lenguaje— que tiene derecho a trabajar. Pero este enunciado no especifica las condiciones en las que alguien debe trabajar. Ahora tomemos el derecho al trabajo como un derecho humano nacional. La Constitu-

---

8 Alexy, Robert, «Grundrechte im demokratischen Verfassungsstaat», p. 28.

9 Esta expresión, que se tornó conocida a partir de su utilización por Hart (Hart, Herbert L.A., *The Concept of Law*, pp. 128 ss.), ya había sido utilizada por Waismann.

ción brasileña establece, en su artículo 7º, que el trabajo es un derecho social, junto con otros derechos sociales. En esta disposición, el derecho al trabajo presenta la misma generalidad que el derecho moral al trabajo. Así, si la Constitución brasileña se detuviera aquí, el grado de indeterminación del derecho humano interno sería muy amplio, el mismo grado de generalidad que posee el derecho moral al trabajo. Esto significaría que el legislador ordinario y, eventualmente, los jueces tendrían un margen de maniobra muy amplio a la hora de dictar, respectivamente, normas generales que regulen el trabajo —leyes, etc.— y normas individuales que decidan conflictos relativos al trabajo —decisiones judiciales—. Sin embargo, las cosas no son así. Después del enunciado muy general de acuerdo con el cual el trabajo es un derecho social, en las treinta y cuatro cláusulas del artículo 7º la Constitución brasileña determina con más detalle cuáles son los derechos individuales de los trabajadores. Entre ellas está, por ejemplo, la previsión de la jornada de trabajo que, según la cláusula XIII, no puede ser «superior a ocho horas diarias y a cuarenta y cuatro horas semanales, pudiendo compensarse las horas de trabajo y reducir la jornada, mediante acuerdo o convenio colectivo de trabajo». Por lo tanto, puede verse que el derecho humano —pre-positivo, moral— al trabajo corresponde tanto a un derecho humano nacional al trabajo con el mismo grado de generalidad que el derecho moral como a derechos nacionales mucho más específicos. Negar que estos derechos más específicos sean derechos humanos nacionales —en Brasil, derechos fundamentales— sería desconocer por completo la validez del Derecho positivo. El legislador constituyente los colocó en la constitución como derechos humanos nacionales, porque los considera derechos esenciales, es decir, derechos que son fundamentales. Por lo tanto, deben considerarse derechos humanos internos o, en el lenguaje adoptado en Brasil y Alemania, derechos fundamentales.

Por lo tanto, si adoptamos el criterio de que los derechos humanos nacionales son aquellos que el legislador ha puesto en la constitución, los derechos humanos internos no son siempre generales, como afirma Alexy. Así, aunque el derecho que tiene un trabajador a no trabajar más de ocho horas diarias y cuarenta y cuatro horas semanales es mucho menos general que el derecho al trabajo, debe considerarse, en el caso de Brasil, un derecho humano nacional —un derecho fundamental—. Lo mismo puede ocurrir en el Derecho internacional. Veamos un ejemplo. El artículo 23.1 de la Declaración Universal de los Derechos Humanos dispone: «Toda persona tiene derecho al trabajo, a la libre elección de este, a condiciones equitativas y satisfactorias de trabajo y a la protección contra el desempleo». En cuanto a la duración de la jornada laboral, el artículo 427 del Tratado de Versalles prevé «la adopción de una norma de ocho horas diarias o de cuarenta y ocho horas semanales como norma a la que se debe tender allí donde aún no se haya obtenido». Se observa, por lo tanto, que los derechos humanos internacionales pueden ser tan generales como los derechos humanos prepositivos —derecho al trabajo—, pero también pueden ser mucho más específicos que estos, ya que el Derecho internacional contiene disposiciones sobre las horas de trabajo que no constituyen un derecho humano prepositivo.

Considero que los derechos humanos prepositivos, es decir, los derechos humanos entendidos como derechos morales, son muy generales. Pero también estimo que los derechos humanos positivizados, esto es, los derechos humanos nacionales y los derechos humanos internacionales, pueden ser de diferentes tipos: pueden ser tan generales como los derechos humanos prepositivos, pero también pueden ser mucho más específicos porque detallan lo que se debe hacer con más precisión.

Dado que, como ya he señalado, los tribunales de justicia aplican normas jurídicas, no normas morales, la aplicación judicial de los derechos humanos es la aplicación de los derechos humanos nacionales o internacionales en sede jurisdiccional.

3. LA APLICACIÓN DE LOS DERECHOS HUMANOS

La generalidad de los derechos humanos positivizados —nacionales e internacionales—, que, como hemos visto, puede ser mayor o menor, junto con los conflictos entre los derechos humanos hacen que la indeterminación y, en consecuencia, la discrecionalidad sean los principales problemas que plantea su aplicación en los tribunales. Dos tesis fuertes sobre la aplicación del derecho en los tribunales son, como ya hemos mencionado, (i) la tesis de que el Derecho no es capaz de dar una respuesta única a los casos que se presentan ante el poder judicial, y la tesis opuesta a la primera, es decir, (ii) la tesis de que el Derecho es capaz de ofrecer una única respuesta a los casos que se presentan ante el poder judicial. Hans Kelsen defendió la primera tesis y se opuso enérgicamente a la segunda, mientras que, como se sabe, Ronald Dworkin ha defendió con insistencia la segunda. Estas tesis son tesis sobre la aplicación del Derecho en general, pero son especialmente válidas para los derechos humanos positivizados. Por lo tanto, es necesario analizarlas.

3.1. La propuesta de Kelsen

En primer lugar, hay que señalar que Kelsen rechaza lo que él llama la noción tradicional, según la cual el legislador crea las normas, mientras que el juez las aplica. Para él, tanto la legislación como la jurisdicción comprenden al mismo tiempo la creación y la aplicación de normas: cuando el legislador crea una ley aplica la constitución, y cuando el juez aplica las leyes crea una norma individual (una sentencia judicial). Los únicos actos que no presentan este carácter dual son la presuposición de la norma fundamental y la ejecución de actos coercitivos.[10]

La creación de una norma está relativamente determinada por la norma superior y, por tanto, es relativamente indeterminada. El margen de maniobra del legislador, según Kelsen, es más amplio que el del juez, pero en ambos casos no puede deducirse de la norma superior —o de un grupo de normas superiores—, sino solo una norma inferior.[11]

Para Kelsen, la aplicación judicial del Derecho no consiste en identificar la única interpretación posible o incluso la mejor interpretación entre las diversas interpretaciones posibles de una norma, como sostiene lo que el propio Kelsen llama la doctrina tradicional. En el paso de la norma general superior a la norma individual inferior —la decisión judicial— hay una indeterminación.[12] Según Kelsen, no había, hasta ese momento —es decir, hasta el momento en que escribió su obra—, un método que pudiera determinar objetivamente que una de estas interpretaciones era la correcta.[13] Por ello, la ciencia del Derecho —esto es, la doctrina— solo debe establecer un marco que contenga las distintas interpretaciones posibles de la norma. La elección de una de estas interpretaciones como la prevaleciente no es, para Kelsen, una cuestión cognitiva, sino volitiva. El juez elige, mediante un acto de voluntad, una de las interpretaciones que están en el marco de las posibles interpretacio-

---

10 Kelsen, Hans *Reine Rechtslehre,* 1.ª ed., pp. 76 ss.; Kelsen, Hans, *Reine Rechtslehre,* 2.ª ed., p. 346.

11 *Ídem,* 1.ª ed., pp. 76 y ss.; *Ibídem,* 2.ª ed., pp. 364-367.

12 *Ibídem,* 1.ª ed., pp. 90 y ss.; *Ibídem,* 2.ª ed., pp. 346 y ss.

13 *Ibídem* 1.ª ed., p. 96 y ss.; *Ibídem,* 2.ª ed., pp. 349 y ss.

nes de la norma. Esto no significa, sin embargo, que esta interpretación sea la única posible, y ni siquiera que sea la mejor entre las distintas interpretaciones.[14]

3.2. La tesis de Dworkin

Desde 1934, la tesis defendida por lo que Kelsen llamaba la «doctrina tradicional», es decir, la doctrina jurídica de finales del siglo XIX, fue combatida por el autor austriaco tanto en su artículo «Sobre la interpretación» como en la primera edición de la *Teoría pura del Derecho.*[15] La tesis fuerte, según la cual existe una única respuesta para cada caso —y, por tanto, la teoría de la interpretación debe presentar los métodos que permitan identificar esta única respuesta correcta—, reaparece en la segunda mitad del siglo XX, de una manera diferente, en la obra de Ronald Dworkin, quien sostiene que el Derecho ofrece una única respuesta a los casos concretos incluso cuando son casos difíciles.

La tesis de Dworkin puede resumirse de este modo: el Derecho, entendido como un conjunto de reglas y principios, suministra una única respuesta correcta para todos y cada uno de los casos que se presentan ante un juez.[16] Según Dworkin, el Derecho no es solo un conjunto de reglas, como pensaba H. L. A. Hart.[17] Para Dworkin, el derecho contiene, junto a las reglas, principios, que se distinguen de las reglas por criterios lógicos y por un criterio que podemos llamar, con Joseph Raz,[18] el criterio de la fuente.

---

14 *Ibídem,* 1.ª ed., pp. 97 y ss.; *Ibídem,* 2.ª ed., pp. 350 ss.

15 *Ibídem* 1.ª ed., pp. 96 y ss. .; *Ibídem,* 2.ª ed., p. 349.

16 Dworkin, Ronald *Taking rights seriously,* p. 279 ss.

17 Sobre la caracterización de Hart del derecho como un conjunto de normas primarias y secundarias cf. Hart, Herbert L.A., *The concept of law,* pp. 79 y ss.

18 Raz, Joseph, *Legal principles and the limits of law,* p. 848.

En mi opinión, existe un serio problema con la crítica de Dworkin a Hart, ya que, como he tratado de demostrar en otro lugar, el modelo de Hart, como afirma Dworkin, no excluye lo que Dworkin llama principios. Sin embargo, no hay espacio para discutir este problema aquí, por lo que pasaré directamente a los criterios lógicos presentados por Dworkin para distinguir las reglas y los principios.[19]

Las distinciones lógicas[20] son, para Dworkin, las siguientes: las reglas son (i.a) normas «todo o nada» que (ii.a) señalan con mayor precisión la decisión que debe tomarse, mientras que los principios son (i.b) normas *prima facie* que (ii.b) solo señalan la dirección de la decisión. La distinción de la fuente, por otra parte, se refiere al origen de la norma: las reglas son (iii.a) normas autorizadas, es decir, normas producidas exclusivamente por las autoridades jurídicas estatales que tienen poderes establecidos por el sistema jurídico, mientras que los principios (iii.b) pueden ser autorizados, pero también pueden provenir de un sentido de idoneidad desarrollado por los profesionales del Derecho a lo largo del tiempo.[21]

El carácter *prima facie* de los principios teorizado por Dworkin merece ser destacado aquí, ya que es importante en la solución de los conflictos entre principios. Los princi-

---

19 Sobre ello, *cfr.* Trivisonno, Alexandre Travessoni Gomes, «Princípios jurídicos e positivismo jurídico: las críticas de Dworkin a Hart se aplicam a Kelsen?», pp. 187 y ss. El propio Hart ya afirmó, en el epílogo de la segunda edición de su obra *The Concept of Law* (*El concepto de Derecho*), publicada después de su muerte, que el modelo que defendía no excluye los estándares normativos que Dworkin llama principios (Hart, Herbert L.A., *The Concept of Law* — «Postscript», pp. 259 ss). A este respecto, *cfr.* Raz, Joseph, *Legal principles and the limits of law*, p. 845; Shapiro, Scott. J., «The Hart-Dworkin Debate», p. 22.

20 Dworkin, *Taking rights seriously*, p. 24.

21 *Ibídem*, pp. 24-28.

pios son normas *prima facie* porque admiten excepciones y siguen siendo válidos. Así, cuando dos principios entran en conflicto, la validez de uno de ellos no implica la invalidez del otro y viceversa. El principio que no se aplica al caso sigue siendo válido y puede aplicarse en otros casos. El conflicto se decide, según Dworkin, en la dimensión del peso, no en la dimensión de la validez.

Es importante señalar que, en un primer momento, es decir, en los primeros escritos de su obra, Dworkin parece haber atribuido a la mera identificación de que el Derecho es un conjunto de reglas y principios el poder de señalar una única «respuesta» a todos y cada uno de los casos concretos. Es decir, en la primera fase de su trabajo, Dworkin parecía creer que, por sí solos, los principios tendrían el poder de determinar la única respuesta correcta en los casos concretos e incluso en los casos difíciles.[22]

Esta posición es insostenible, ya que la distinción lógica de Dworkin entre reglas y principios está relacionada, en última instancia, con la mayor generalidad de los principios y la menor generalidad de las reglas. Los principios son normas *prima facie*, es decir, admiten excepciones imprevistas y siguen siendo válidos, como afirma Dworkin, precisamente porque son normas mucho más generales que las reglas. Además, los principios solo señalan la dirección de una decisión, como afirma Dworkin, precisamente porque son muy generales. A su vez, las reglas son normas «todo o nada», como también afirma Dworkin, precisamente por-

---

22 Puede decirse que el embrión de esta teoría ya aparece en *Los Derechos en Serio*, cuando Dworkin presenta la idea del juez Hércules (*Ibídem*, p. 105-130), aunque esta idea es criticable como metodología jurídica. Sin embargo, esta teoría se consolida más claramente en el libro *El Imperio del Derecho* (*Cfr.* Dworkin, Ronald, *Laws' Empire*). *Cfr.* Trivisonno, Alexandre Travessoni Gomes, «Princípios jurídicos e positivismo jurídico: as críticas de Dworkin a Hart se aplicam a Kelsen?», p. 209.

que son menos generales. Este menor grado de generalidad justifica el hecho de que determinen exactamente cómo debe decidirse el caso y no se limiten a señalar la dirección de la decisión. Si esto es cierto, como creo que lo es, el mero reconocimiento de la existencia de principios en un sistema jurídico no solo no resuelve el problema de la discrecionalidad judicial, como parece pensar Dworkin en sus primeros escritos; en realidad, este mero reconocimiento aumenta el poder discrecional del juez.[23]

En mi opinión, el propio Dworkin se dio cuenta de este problema. Si nos fijamos bien, tras las críticas de varios autores, entre ellos Joseph Raz, Dworkin parece haber prestado atención al hecho de que, por sí solos, los principios no resuelven el problema de la indeterminación en la aplicación del Derecho, que surge tanto de la generalidad del Derecho como de los choques entre normas jurídicas. En mi opinión, el reconocimiento de la existencia de principios sin el acompañamiento de una teoría de la interpretación incrementa la discrecionalidad judicial.[24] Por ello, Dworkin desarrolló una teoría de la interpretación con el objetivo de colmar este déficit. En esta teoría, la idea de integridad desempeña un papel central. En el momento de aplicar la ley, un juez ideal —el juez Hércules— debe tener en cuenta no solo las reglas aplicables al caso, sino también los principios, adoptando así una decisión que esté en armonía con el sistema. La idea de la novela en cadena, que no es posible detallar aquí, viene precisamente a expresar esta integridad de la interpretación.[25]

---

23 *Cfr.* Trivisonno, Alexandre Travessoni Gomes, «Princípios jurídicos e positivismo jurídico: as críticas de Dworkin a Hart se aplicam a Kelsen?», pp. 199 y 206.

24 *Ibídem,* pp. 205 y ss.

25 *Ibídem,* p. 209; y Dworkin, Ronald, *Law's Empire,* pp. 209 ss.

Aunque Dworkin desarrolla algunas ideas interesantes sobre la aplicación del Derecho, no parece que su teoría logre lo que pretende: que los jueces lleguen a una única respuesta correcta. La teoría de Dworkin parece, por tanto, fijarse un objetivo muy ambicioso, a saber, erradicar la discrecionalidad judicial, pero no llega a alcanzarlo.

En un punto intermedio entre las teorías de Kelsen y Dworkin se encuentra la teoría de Robert Alexy, que, en mi opinión, ofrece la solución más adecuada a la cuestión de la aplicación del Derecho y, en consecuencia, de los derechos humanos en los tribunales.

4. LA APLICACIÓN DEL DERECHO EN ROBERT ALEXY: LA CORRECCIÓN POSIBLE

4.1. La argumentación jurídica y la aplicación judicial del derecho

La cuestión de la aplicación judicial del Derecho fue abordada por Robert Alexy en su *Teoría de La Argumentación Jurídica.* En esta obra, Alexy desarrolla la tesis de acuerdo con la cual el discurso jurídico es un caso especial del discurso práctico general. Es decir, para Alexy el discurso jurídico es un discurso práctico general que posee características específicas, a saber, sus vínculos con el Derecho válido, esto es, con la ley, los precedentes y la dogmática jurídica.[26]

Pero ¿cuáles son exactamente las características del discurso práctico general? Un análisis de la respuesta de Alexy a una de las objeciones planteadas por Habermas contra su teoría suministra la respuesta a esta pregunta. En *Facticidad y Validez: sobre el derecho y el Estado democrático de Derecho en términos de teoría*

---

[26] Alexy, Robert, *Theorie der juristischen Argumentation,* pp. 263-278.

del discurso, Habermas critica la tesis del caso especial y afirma que el discurso jurídico no debe considerarse un tipo de discurso moral.[27] En su respuesta, Alexy replica que su tesis no consiste en afirmar que el discurso jurídico es un caso especial del discurso moral, como sostiene Habermas, sino un caso especial del discurso práctico general.[28] El discurso práctico general no puede identificarse y confundirse con el discurso moral en el sentido en que Habermas lo define, dado que, afirma Alexy, «es un discurso en el que se conectan cuestiones y razones morales, éticas y pragmáticas».[29] Alexy recuerda que las razones morales, en el sentido de Habermas, son razones relacionadas con la consideración igualitaria de los intereses de todos los seres humanos en lo que respecta, según Habermas, a la «universalización y solo a la universalización».[30] Como afirma Habermas, las razones ético-políticas se refieren a la autocomprensión colectiva implícita en nuestras tradiciones y evaluaciones, mientras que las razones pragmáticas se refieren a la idoneidad de los medios para la consecución de determinados fines, así como a la ponderación de intereses y compensaciones. Así, en la teoría de Alexy, «la argumentación jurídica está abierta no solo a razones morales [...], sino también a razones ético-políticas y pragmáticas».[31]

4.2. *El problema del conocimiento práctico y su relación con la discrecionalidad judicial en los primeros escritos de Alexy*

Después de la publicación de su *Teoría de la Argumentación Jurídica,* Alexy abordó, en tres escritos diferentes,[32] la cues-

27 Habermas, Jürgen, *Faktizität und Geltung,* pp. 139, 197 y 283.
28 Alexy, «The special case thesis», p. 377.
29 *Ibídem,* p. 378.
30 *Ibídem,* p. 377.
31 *Ídem.*
32 Esos escritos son el articulo «Teoría del Discurso e Sistema Jurídico», publicado por primera vez en croata en 1987 (Alexy, Robert

tión de si existe una única respuesta a toda cuestión jurídica, que denominó el «problema del conocimiento práctico». En síntesis, Alexy afirma que defender la idea de que existe una única respuesta a toda cuestión práctica significa conectar el concepto de procedimiento con el de una corrección absoluta. A continuación, adopta un modelo que también conecta corrección y procedimiento, pero en el que el concepto de corrección es relativo porque depende del discurso real, y en el que el concepto de corrección absoluta es una idea regulativa.[33] Para Alexy, la tesis de la única respuesta correcta constituye una fuerte suposición que tiene más desventajas que ventajas. Sin embargo, acepta su papel como idea regulativa, es decir, como un objetivo que, de hecho, no siempre es alcanzable, pero al que se debe aspirar.[34]

Así, para Alexy, si incluso en el discurso ideal no es posible estar seguro de que haya una única respuesta a cada controversia legal, encontrar una única respuesta tampoco debería ser posible en el discurso real, al menos en algunos casos. Por esta razón, Alexy sostiene que la tesis de la única respuesta debe permanecer, para el juez, como una idea regulativa.

4.3. La teoría de los principios de Alexy y la discrecionalidad legislativa

A diferencia de lo que muchos piensan, la teoría de los principios de Alexy no fue elaborada para resolver el problema de la aplicación del Derecho por los jueces en el enjuicia-

---

Diskurstheorie und Rechtssystem), el «Epílogo» *de Teoría de la Argumentación Jurídica* (Alexy, Robert, *Theorie der juristischen Argumentation* –«Nachwort» [1991]), y el articulo «Derecho, Discurso y Tiempo», de 1995 (Alexy, Robert, «Law Discourse and Time»).

33 Alexy, Robert, «Diskurstheorie und Rechtssystem», pp. 304 y ss.

34 Alexy, Robert, *Theorie der juristischen Argumentation*, pp. 413 y ss.

miento de casos ordinarios, sino para reconstruir la práctica del control judicial de constitucionalidad desarrollada por el Tribunal Constitucional Federal alemán. Esto significa que los jueces de los tribunales inferiores pueden incluso ponderar, pero solo donde y cuando les corresponde controlar la constitucionalidad —por ejemplo, en el modelo difuso de control de constitucionalidad—.

Para Alexy, la ponderación implica la existencia de principios y viceversa.[35] Esto significa que solo los principios, no las reglas, pueden ser ponderados, y que si hay principios tiene que haber ponderación. Para él, hay tres formas de concebir la estructura de los derechos humanos internos, a los que denomina derechos fundamentales: un modelo de principios puros, un modelo de reglas puras y un modelo de reglas y principios.[36] Alexy elige la tercera opción, es decir, para él las normas que garantizan los derechos humanos internos pueden ser tanto reglas como principios.[37] Las reglas son mandatos definitivos, esto es, normas que solo pueden cumplirse o no,[38] mientras que los principios son mandatos de optimización, es decir, normas que pueden cumplirse y no cumplirse en grados, en función de las circunstancias fácticas y jurídicas del caso.[39]

Cuando los principios coliden, en otras palabras, cuando los derechos fundamentales garantizados por los principios entran en colisión, la única manera de resolver el conflicto es, según Alexy, mediante la ponderación.[40] ¿Se mantiene esta propuesta? Veamos. Cuando dos derechos

---

35 Alexy, Robert, *Theorie der Grundrechte*, p. 100.

36 *Ibídem*, pp. 104-117.

37 *Ibídem*, pp. 117 ss.

38 *Ibídem*, p. 76.

39 *Ibídem*, pp. 75 y ss.

40 *Ibídem*, pp. 79 y ss.

fundamentales garantizados por principios —por ejemplo, el derecho fundamental a la protección de la salud y el derecho fundamental a la libertad— entran en colisión, como en el caso *Cannabis*, juzgado por el Tribunal Constitucional Federal alemán, la colisión no puede resolverse mediante los criterios tradicionales ya mencionados, a saber, los criterios jerárquico, cronológico y de generalidad. Soluciones muy abstractas como la de Dworkin, que afirma que el juez debe tener en cuenta todos los principios y reglas aplicables al caso, adoptando así una decisión que mantenga la integridad del Derecho de esa comunidad, o sugerencias generales que afirman que los tribunales deben interpretar adecuadamente las normas constitucionales abiertas, son insuficientes, ya que acaban generando una gran inseguridad jurídica, pues atribuyen demasiado poder discrecional a los tribunales.

La ponderación de los principios vehiculada a través del examen de proporcionalidad es un método mucho más específico.[41] Esto significa que cuando dos derechos fundamentales previstos por principios entran en colisión, la solución debe seguir el principio o máxima de proporcionalidad,[42] que se subdivide en tres máximas parciales: idoneidad o adecuación, necesidad y proporcionalidad en sentido estricto.[43] En resumen, esto implica que cuanto mayor sea el incumplimiento de un primer principio, mayor debe ser el cumplimiento del segundo principio que colide con el primero o viceversa, y que el incumplimiento de un principio que no se compensa con un cumplimiento al menos equivalente del otro principio es desproporcionado.[44]

---

41 *Ibídem*, pp. 100 y ss.

42 *Ibídem*, p. 100.

43 *Ibídem*, p. 100 y ss.

44 *Ibídem*, p. 146.

La teoría de los principios permite a Alexy distinguir debidamente entre la discrecionalidad legislativa estructural y la discrecionalidad legislativa epistémica.[45] La discrecionalidad legislativa estructural comprende lo que las normas constitucionales no mandan ni prohíben, mientras que la discrecionalidad legislativa epistémica «surge siempre que el conocimiento sobre lo que mandan, prohíben o dejan libre los derechos fundamentales es incierto».[46] Así, dado que el legislador tiene discrecionalidad, entonces existe un principio formal: el principio de respeto al legislador democráticamente legitimado.[47] Esto significa que en el control de constitucionalidad los tribunales no pueden declarar la inconstitucionalidad de una ley, salvo en aquellos casos en los que el legislador haya realizado una ponderación claramente desproporcionada. El principio formal de la legislatura democráticamente legitimada y el principio formal de la seguridad jurídica garantizan que la teoría de los principios no ocasione lo que Böckenförde afirmaba que ocasio na: «la transición de un Estado legislativo parlamentario a un Estado jurisdiccional constitucional».[48]

5. LA DISTINCIÓN ENTRE LEGISLACIÓN Y JURISDICCIÓN Y LA NATURALEZA DE LA APLICACIÓN JUDICIAL DEL DERECHO

En mi opinión, la diferencia entre legislación y jurisdicción —y, por tanto, entre discrecionalidad legislativa y judicial— es cuantitativa, como sostenía Kelsen, pero también es cualitativa.

---

45 Alexy, Robert *A Theory of Constitutional Rights* – «Postscript», pp. 394 y ss.

46 *Ibídem*, p. 414.

47 Alexy, Robert, «Formal principles: some replies to critics», p. 519, 521.

48 Böckenförde, Ernst-Wolfgang, «Grundrechte als Grundsatznormen», p. 197.

5.1. La distinción cuantitativa

La razón por la que la legislación y la jurisdicción son cuantitativamente diferentes es que, como muestran Kelsen y Alexy, las únicas normas jurídicas positivas que vinculan jurídicamente al legislador son las normas constitucionales, mientras que el juez está jurídicamente vinculado por las normas constitucionales, pero también por las leyes, los decretos y otros tipos de normas jurídicas institucionalizadas —y también, como muestra Kelsen, incluso por la costumbre jurídica, en el caso de que la constitución la prevea como fuente de derecho—. Esto es suficiente para concluir que la discrecionalidad legislativa es más amplia que la judicial.

En la aplicación de los derechos humanos positivizados —nacionales e internacionales—, el modelo de Kelsen confiere más poder discrecional al ejecutor que el modelo de Alexy, y ello es así porque tanto la argumentación jurídica (o el discurso jurídico), que, como hemos visto, tiene el poder de limitar —pero no erradicar— la discrecionalidad judicial, como la teoría de los principios, que, como también hemos visto, tiene el poder de reducir —pero no suprimir— la discrecionalidad legislativa y la de quienes controlan la constitucionalidad de las leyes forman parte del concepto de Derecho de Alexy.

Estas herramientas, a saber, la teoría de la argumentación jurídica y la teoría de los principios, ausentes en la obra de Kelsen, hacen que la discrecionalidad sea considerablemente menor en Alexy.

5.2. La distinción cualitativa

La tesis que pretendo defender es que la diferencia entre la discrecionalidad legislativa y la judicial no es meramente cuantitativa, dado que solo la jurisdicción admite la idea regulativa de una única respuesta correcta a cada cuestión jurídica. Esto significa que el legislador posee tanto la discrecionalidad estructural como la epistémica, mientras que el juez solo posee esta última.

El legislador constitucional original crea una constitución y, por tanto, no está vinculado al Derecho positivo. Por consiguiente, desde el punto de vista del Derecho positivo estricto, el legislador constitucional original es completamente libre, aunque esté obligado por el discurso práctico general. El legislador ordinario también está vinculado al discurso práctico general y, además, a la constitución positiva, que ya es un discurso jurídico. Lo que no está ni mandado ni prohibido por la constitución queda dentro del ámbito de la discrecionalidad estructural del legislador ordinario, y los casos respecto a los cuales el legislador no puede saber lo que la constitución determina quedan dentro del ámbito de su discrecionalidad epistémica. En ambos casos, es decir, tanto en el de la discrecionalidad estructural como en el de la epistémica, el legislador ordinario puede decidir la cuestión por motivos ético-políticos y pragmáticos.

Por otro lado, el juez está vinculado a la constitución positiva, a la legislación y, por tanto, a la dogmática jurídica —la doctrina—, a los precedentes, así como, en menor medida, al discurso práctico general. La vinculación a muy diversos tipos de normas y la distinción cualitativa entre legislación y jurisdicción —distinción negada por Kelsen— hacen de la jurisdicción una actividad muy compleja. Tal complejidad hace necesario considerar el papel de cada norma que vincula al juez.

Dado que el juez está vinculado por la constitución y las leyes, no es libre de decidir sobre las cuestiones reguladas por esas normas. Debe acatar lo que la constitución y/o la legislación mandan, debe prohibir lo que la constitución y/o la legislación prohíben, y debe permitir lo que la constitución y/o la legislación permiten. Pero la constitución y las leyes no lo regulan todo, razón por la cual existe un espacio no regulado positivamente por el Derecho (Kelsen). Además, como ya se ha señalado, la generalidad de las normas jurídicas y las colisiones entre derechos humanos positivizados generan en principio indeterminación: ¿cómo deben interpretarse tanto este espacio regulado negativamente como esta indeterminación? Podría pensarse, en un primer momento, que el juez tiene, aquí, una discrecionalidad estructural. Pero este no es, en mi opinión, el caso. La tesis que aquí se defiende es que el juez no posee ninguna discrecionalidad estructural y que, por tanto, aquello que el legislador constitucional y el legislador ordinario no han regulado debe considerarse negativamente regulado y, por consiguiente, negativamente permitido. También en los casos de indeterminación inicial motivada por la generalidad del lenguaje normativo o el conflicto de los derechos humanos positivizados, el juez no posee discrecionalidad estructural. Sin embargo, esto no le priva de la discrecionalidad epistémica. De hecho, si el juez no siempre puede estar seguro de lo que determinan la constitución y las leyes, entonces el juez tiene discrecionalidad epistémica.

6. CONCLUSIÓN

La jurisdicción no admite una discrecionalidad estructural: un juez no puede suponer que, en ausencia de una norma positiva que regule una materia o en casos de indeterminación motivada por la generalidad del lenguaje o por las colisiones entre derechos humanos positivizados garantizados por principios, pueda entonces decidir como órgano político-legislativo. Sin embargo, la jurisdicción admite la discrecionalidad epistémica del juez. El juez está obligado por el Derecho positivo, por el discurso jurídico y, en menor medida, por el discurso práctico general, pero a veces, como ocurre a menudo en la aplicación de los derechos humanos, el juez no está absolutamente seguro de lo que determina el derecho. En estos casos, el juez no puede introducir nuevos argumentos basados en discursos ético-políticos y pragmáticos que no hayan pasado por el tamiz de la legislatura. Por lo tanto, debe buscar la mejor interpretación de la ley y de la constitución, pero sin ir más allá. Esto es exactamente lo que constituye la idea de la única respuesta correcta como idea regulativa: la búsqueda de la mejor solución para el caso, basada en el material jurídico-positivo y en las herramientas metodológicas disponibles (teoría de la argumentación jurídica y teoría de los principios).

El hecho de que el juez no posea discrecionalidad estructural y que el legislador sí la tenga, justifica que se hable de la tesis de la única respuesta correcta solo para el juez, pero no para el legislador. Ahora bien, la única respuesta correcta solo puede ser una idea regulativa, en la medida en que coexista con la idea de discrecionalidad epistémica del juez. Es algo que el juez debe buscar siempre, aunque nunca esté seguro de que sea capaz de conseguirlo.

BIBLIOGRAFÍA

Alexy, Robert, «PostScript», en *A Theory of Constitutional Rights*, trad. J. Rivers, Nueva York: Oxford University Press, 2002, pp. 388-425.

— «Diskurstheorie und Rechtssystem», *Synthesis philosophica*, 5, 1998, pp. 299-310.

— «Formal Principles: Some replies to critics», *International Journal of Constitutional Law*, 12, 2014, pp. 511-524.

— «Grundrechte im demokratischen Verfassungsstaat», en *Justice, Morality and Society – A Tribute to Aleksander*

Peczenik on the Occasion of his 60th Birthday 16 November 1997, Lund: Jurisförtlaget I Lund, 1997, pp. 27-42.

— «Law, Discourse and Time», *Archiv* für *Rechts– und Sozialphilosophie,* Beiheft, 64, 1995, pp. 101-110.

— «Menschenrechte Ohne Metaphysik?», *Deutsche Zeitschrift* für Philosophie, 52, 2004, pp. 15-24.

— *Theorie der juristischen Argumentation – Die Theorie des rationalen Diskurses als Theorie der juristischen Begründung,* Frankfurt am Main: Suhrkamp, 1996.

— «Nachwort», en: *Theorie der juristischen Argumentation – Die Theorie des rationalen Diskurses als Theorie der juristischen Begründung,* Frankfurt am Main: Suhrkamp, 1996, pp. 399-435.

— *Theorie der Grundrechte,* Frankfurt am Main: Suhrkamp, 1994.

— «The Special Case Thesis», *Ratio Juris,* December, 12(4), 1999, pp. 374-384.

Böckenförde, Ernst-Wolfgang, «Grundrechte als Grundsatznormen», *Der Staat,* 29(1), 1990, pp. 1-31.

Borowski, Martin. *Grundrechte als Prinzipien,* Auflage, Baden-Baden: Nomos, 2018.

Dworkin, Ronaldm *Law's Empire.* Cambridge (Mass.): Belknap Press, 1986.

— *Taking Rights Seriously.* Cambridge (Mass.): Harvard University Press, 1977.

Habermas, Jürgen. *Faktizität und Geltung – Beiträge zur Diskurstheorie des Rechts und des demokratischen Rechtsstaats,* Frankfurt a. M.: Suhrkamp, 1998.

Hart, Herbert L.A., *The Concept of Law,* Oxford: Clarendon Press, 1994.

Kant, Immanuel, *Die Metaphysik der Sitten*, en *Kants Gesamtausgabe*, Königlichen Preussischen Akademie der Wissenschaften: Berlín, 1902-1975, VI, pp. 205-492.

Kelsen, Hans. *Reine Rechtslehre – Einleitung in die Rechtswissenschaftliche Problematik*, 1.ª ed., Ed., Leipzig/Viena: Franz Deuticke, 1934.

— *Reine Rechtslehre*, 2.ª ed. (reimpr.), Viena: Österreich Verlag, 2000.

Raz, Joseph, «Legal Principles and the Limits of law», *The Yale law journal*, 81(5), 1972, pp. 823-854.

Shapiro, Scott J., «The "Hart-Dworkin" Debate: Short Guide for the perplexed», en A. Ripstein (org.), *Ronald Dworkin*. Arthur Cambridge: Cambridge University Press, 2007, pp. 22-55.

Trivisonno, Alexandre Travessoni Gomes, «Direitos Humanos e Fundamentais: Questões Conceituais», *Espaço Jurídico Journal of Law [EJJL]*, 1, 2021, pp. 7-18.

— «Princípios Jurídicos e Positivismo Jurídico: as Críticas de Dworkin a Hart se Aplicam a Kelsen?», en A. Travessoni Gomes Trivisonno y J. Aguiar de Oliveira (eds.), *Hans Kelsen – Teoria Jurídica e Política*, Río de Janeiro: Forense Universitária, 2013, pp. 185-212.

SOBRE PRINCIPIALISMO Y APLICACIÓN JUDICIAL DE DERECHOS. COMENTARIOS A GOMES TRIVISONNO

Francisco M. Mora-Sifuentes*

1. INTRODUCCIÓN

El título de este Primer Coloquio Hispanoamericano de Filosofía del Derecho, *«La interpretación y aplicación de los derechos humanos en sede judicial»*, sugiere problemas de primer orden. Mi intervención se enmarca en la teoría de las normas y el razonamiento jurídico. Concretamente, me centraré en la polémica relativa a los derechos fundamentales como normas positivas, es decir, en la cuestión de si estos constituyen un tipo especial de norma y si requieren un método distinto a los tradicionales cánones interpretativos.

---

* Doctor Sobresaliente Cum Laude especializado en Teoría y Filosofía del Derecho por la Universidad Carlos III de Madrid. Profesor e investigador.
Conferencia disertada el 6 de septiembre de 2022, en la Escuela Judicial del Estado de México.
Agradezco a la Escuela Judicial del Estado de México por su amable invitación al «Primer Coloquio Hispanoamericano de Filosofía del Derecho»; concretamente, al Dr. Ramón Ortega García por su generosidad y al Dr. Alejandro Nava Tovar (UAM-Azcapotzalco) por hacerlo posible. Asimismo, estoy en deuda con la Dra. Alicia I. Saavedra-Bazaga (CUNEF-Madrid) y el Dr. Arnulfo Mateos Durán (Heidelberg-Alemania) por su atenta lectura y sus sugerencias a un borrador inicial de este escrito. Los errores subsistentes son, como es obvio, de mi exclusiva responsabilidad.

Este tema me llevará también a analizar el papel y la función del poder judicial en el marco de un Estado constitucional y democrático de Derecho basado en la división de poderes. Todo ello permitirá, en fin, desarrollar una reflexión sobre la importancia de la independencia judicial para garantizar los derechos humanos. Sobra decir que en torno a esas cuestiones giran algunas de las discusiones actuales más relevantes tanto entre los académicos como entre los operadores jurídicos. Y, sobre todo, que en tales discusiones la teoría principialista desarrollada por Robert Alexy se ha convertido en la metodología dominante en materia de aplicación de los derechos en sede judicial. La ponencia «La interpretación judicial de los derechos humanos», del profesor Alexandre Travessoni Gomes Trivisonno, que me propongo comentar a continuación, se incardina en esa escuela.

2 ALEXANDRE TRAVESSONI SOBRE DERECHOS HUMANOS Y SU APLICACIÓN JUDICIAL

Gomes Trivisonno focaliza el problema central de los debates científicos sobre los derechos humanos en su indeterminación, atributo o rasgo que, en su opinión, obedece a dos razones principales: por una parte, la «generalidad de los derechos humanos», y, por otra, a las «colisiones» entre ellos. Una vez establecido este marco general, el autor se propone desarrollar su propuesta para tratar el problema de la indeterminación en tres apartados.

En el primero lleva a cabo una revisión conceptual sobre los derechos humanos y sus relaciones con el Derecho positivo —*v. gr.* la idea de derechos morales, en qué sentido tiene «sentido» hablar de los derechos humanos como derechos prepositivos, en qué radica la fundamentalidad de los derechos y cómo podemos entender la relación entre derechos humanos y derechos fundamentales en el plano nacional y en el plano internacional—. Esta temática ha sido objeto de innumerables estudios y, al menos en el ámbito hispanoamericano, la discusión ha girado en torno a dos ejes: por una parte, el problema del concepto y fundamento de los derechos humanos; por otra, la polémica del «fundamento de los derechos fundamentales» —Luigi Ferrajoli *dixit*—. Pues bien, por lo que respecta al concepto de los derechos humanos fundamentales, Alexandre Travessoni adopta una perspectiva no positivista, dado que asume que su fundamentalidad radica en el carácter «moral» de los mismos. El autor sigue una línea similar a la de Robert Alexy, quien, como se recordará, ha sostenido que «un derecho vale moralmente solo si puede ser fundamentado frente a cada uno que participe en una justificación racional. La validez de los derechos humanos es su existencia».[1]

Así, para el profesor brasileño los derechos humanos —en su sentido moral, nacional e internacional— son derechos fundamentales porque hacen referencia a bienes sociales «esenciales» o «básicos». Sin embargo, Gomes Trivisonno sugiere la conveniencia de adoptar *a)* la expresión «derechos humanos» para hacer referencia a los derechos morales *stricto sensu,* esto es, aquellos todavía no positivizados, *b)* la expresión «derechos humanos nacionales» para designar los derechos positivizados en fuentes estatales, y *c)* la expresión «derechos humanos internacionales» para denominar a los derechos consagrados en tratados internacionales sobre la materia. En mi opinión, esta propuesta es cuestionable por la siguiente razón: solemos reconocer la nota de universalidad a los derechos humanos, mientras que los derechos de fuente internacional en muchas ocasio-

---

1 Alexy, Robert, «Derechos humanos sin metafísica», trad. E.R. Sordero, *Doxa,* 30, 2007, p. 239.

nes no poseen esa característica —son regionales—, pues tanto su ámbito como su eficacia son más restringidos.[2] En todo caso, con la propuesta terminológica que ha formulado en su contribución a este Coloquio, Travessoni busca fundamentalmente transitar del discurso moral «puro» al discurso jurídico, esto es, a un discurso emplazado en el Derecho positivo. Su idea aquí es muy clara: los tribunales de justicia aplican el Derecho positivo, y no la moral. Por ello, sostiene que el objeto de la aplicación de los derechos humanos por parte de los tribunales son los derechos humanos nacionales e internacionales y no los derechos humanos entendidos como derechos morales.

2.1. El problema de la abstracción de los derechos humanos

Los derechos humanos poseen una característica que tiene importantes implicaciones en su aplicación. Esa característica no es otra que la que, en su ponencia, Travessoni denomina la «generalidad de los derechos humanos», es decir, el hecho de que sean normas que no determinan concluyentemente lo que debe hacerse y se limiten a señalar funda-

---

2 Esta es la opinión de Martin Borowski, quien sugiere reservar la expresión «derechos humanos» para los derechos morales y reservar para los positivizados en fuentes nacionales o internacionales la expresión «derechos fundamentales». Los derechos humanos, dice Borowski, «se aplican de forma más o menos eficaz», mientras que los derechos fundamentales de fuente nacional «son frecuentemente aplicados de manera muy efectiva», mientras que en el caso de los derechos fundamentales internacionales «diferentes niveles de aplicación pueden ser diferenciados». El único argumento del que, al parecer, dispone Travessoni sería semántico: el hecho de que los textos que consagran derechos en el plano internacional utilizan la expresión «derechos humanos». Véase Borowski, Martin, «La teoría del discurso en el derecho internacional. Los derechos humanos a través del discurso», en *Id., Elementos esenciales de la dogmática de los derechos fundamentales,* trad. de A.D. Mateos, México: Tirant lo Blanch, 2021, pp. 372-373.

mentos genéricos de actuación. En palabras de Alexandre Travessoni, «la generalidad significa que las normas que garantizan los derechos humanos [sean prepositivos o sean "nacionales" o "internacionales"] no determinan exactamente lo que hay que hacer, es decir, lo que debe ser, sino que se limitan a señalar pautas generales de actuación». En mi opinión, el punto al que el autor quiere hacer referencia aquí es la «menor densidad regulativa» de los derechos humanos, pues estos no indican una solución detallada, sino que únicamente ofrecen un fundamento para la misma y tienen, por tanto, cierta dimensión «tópica» o de normas *prima facie*. Travessoni pudo haber dicho en este tramo de su ponencia que los derechos humanos son «principios» o «mandatos de optimización», esto es, normas que establecen que algo sea realizado en la mayor medida posible dadas las circunstancias fácticas y jurídicas. Pero en esta parte de su intervención quería defender otra cosa.

Si lo he entendido bien, el autor pretende hacer notar que la «mayor» indeterminación que arroja esa visión teórica contrasta con lo que establecen los diversos textos o documentos de derechos humanos positivizados —i.e., las constituciones nacionales o los tratados internacionales—. Dicho de otra manera: la indeterminación comienza a moderarse en la medida en que pasamos de los derechos morales prepositivizados a los derechos humanos positivizados. Estos últimos, los derechos humanos positivizados, o al menos algunos derechos subjetivos, son mucho más específicos de lo que la tesis anteriormente anunciada sostiene y de lo que solemos pensar. Así, después de aportar algunos ejemplos de México o de Brasil, Alexandre Travessoni afirma: «si adoptamos el criterio de que los derechos humanos nacionales son aquellos que el legislador ha puesto en la constitución, los derechos humanos internos no son siempre generales, como afirma Alexy». ¿Esto significaría que algunos derechos humanos perderían su indeterminación, es decir, su condición de principios, para aproximarse a las reglas, es decir, a las normas que establecen de manera definida y detallada tanto un antecedente como su consecuente jurídico? Si es así, ¿cómo puede compatibilizarse lo anterior con la teoría principialista de los derechos humanos? Parece que esta afirmación es una tesis encuadrada en la dogmática de las constituciones particulares y no en teoría de los derechos fundamentales.

2.2. *La aplicación judicial de los derechos humanos: entre el voluntarismo y la única respuesta correcta*

La segunda parte de la ponencia de Alexandre Travessoni se centra en algunas propuestas que pueden formularse en la aplicación de los derechos humanos nacionales o internacionales por parte de los tribunales. Como en la mayoría de la literatura sobre razonamiento jurídico, su alternativa se ubica entre dos extremos: el voluntarismo y el hiperracionalismo. En primer término, nos habla del voluntarismo de Hans Kelsen, autor para el que la aplicación de las normas, o mejor, la interpretación de las disposiciones jurídicas, entendida como un «procedimiento espiritual que acompaña al proceso de aplicación del Derecho, en su tránsito de una grada superior a una inferior»,[3] no brinda una única respuesta correcta para las disputas jurídicas. Existe, según Kelsen, una indeterminación relativa en el acto de aplicación del Derecho —o una determinación del mismo género, según se vea—. En todos los casos, ya sea en la aplicación de la constitución por parte del legislador o en la aplicación del Derecho por parte del juez, «el Derecho por aplicar constituye solo un marco dentro del cual están dadas varias posibilidades de aplicación,

[3] Kelsen, Hans, *Teoría pura del Derecho,* 2ª. ed., trad. de R. Vernengo, México: UNAM-Porrúa, 2002, p. 349.

con lo cual todo acto es conforme a Derecho si se mantiene dentro de ese marco, colmándolo en algún sentido posible».[4] En términos generales, para Kelsen la interpretación debe llevarse a cabo dentro de ese marco, y por ello considera que la interpretación es, en última instancia *una cuestión volitiva*: el juez elige a través de un acto de voluntad una de las interpretaciones posibles del marco. Ello no supone, como bien señala Travessoni, que dicha interpretación sea la única posible ni mucho menos que sea la mejor entre las alternativas disponibles. Como dice claramente Kelsen en la 2ª edición de la *Teoría Pura del Derecho* «Que una sentencia judicial esté fundada en ley no significa, en verdad, sino que se mantiene dentro del marco que la ley despliega; sino que es una de las normas individuales —y no la norma individual— que pueden ser producidas dentro del marco ofrecido por la norma general».[5] Según Travessoni, la explicación de que Kelsen concibiera de este modo la interpretación hay que buscarla en el hecho de que, en el momento en que escribió su obra, «no existía un método que pudiera señalar objetivamente una de esas interpretaciones como la correcta».

La segunda tesis analizada por Travessoni es la defendida por Ronald Dworkin. Frente a la alternativa kelseniana, Dworkin retomó la postura de quienes sí consideran que el Derecho está en condiciones de suministrar tal respuesta correcta y única, sobre todo cuando el Derecho es concebido como un «conjunto normativo de reglas y principios». El profesor brasileño nos recuerda la tesis fuerte de la distinción entre reglas y principios elaborada por Dworkin en *Taking Rights Seriously* para enfatizar la importancia del carácter *prima facie* de los principios —cuestión sobre la que diré algo más adelante—. Alexandre Travessoni afirma que

4 *Ibídem*, p. 351.
5 *Ibídem*, p. 352.

el autor norteamericano no desarrolla una teoría capaz de lograr sus pretensiones —principalmente, la eliminación la discrecionalidad judicial—, ya que «el mero reconocimiento de la existencia de principios en un sistema jurídico no solo no resuelve el problema de la discrecionalidad judicial, como parece pensar Dworkin en sus primeros escritos». Para Travesonni, el mero reconocimiento de los principios en el Derecho «en realidad aumenta el poder discrecional del juez». El profesor brasileño recuerda que, por esta razón, Dworkin se vio en la necesidad de desarrollar una teoría de la interpretación más detallada en *Law's Empire* en la que se encontrarían otras piezas que vendrían a robustecer la postura dworkiniana sobre la interpretación judicial, mismas que, sin embargo, no logran el gran objetivo que, según Travessoni, dicho autor se plantea: erradicar la discrecionalidad judicial.

Así, frente a la alternativa de voluntarista de Kelsen y la hiperracionalista de Dworkin, el profesor brasileño opta por una tercera vía representada por Robert Alexy, quien propone una metodología que, en su opinión, nos aproximaría a una «corrección posible». Este es el núcleo de la propuesta de Alexander Travessoni en la aplicación de los derechos humanos por parte de los tribunales, que, como avancé, tiene una fuerte impronta alexiana. A decir verdad, ello no sorprende, dado que nuestro autor ha colaborado de cerca con la segunda escuela de Kiel: concretamente, con algunos de sus máximos representantes como el propio Robert Alexy o Martin Borowski, así como con un autor muy próximo a ellos como Stanley L. Paulson. A pesar de ello, pueden advertirse algunos matices en las ideas que expone Travessoni. Comenzaré por destacar la centralidad de la obra de Alexy en su propuesta de aplicación de los derechos fundamentales por parte de los tribunales.

2.3. Argumentación jurídica, principios y discrecionalidad legislativa

En la sección de su ponencia titulada «La teoría de los principios de Alexy y la discrecionalidad legislativa» comienza destacando la famosa «tesis del caso especial». Como se sabe, de acuerdo con esta tesis el razonamiento jurídico es un caso especial del razonamiento práctico general, limitado por el carácter institucional del razonamiento jurídico y por el lugar que ocupan en él la dogmática, el precedente y la doctrina.[6] Entender adecuadamente lo que ello supone sirve para afrontar una influyente crítica que formulada Jürgen Habermas. En efecto, según Alexy, Habermas se equivoca al asimilar el razonamiento práctico general con el razonamiento moral *tout court*. Este último tipo de razonamiento trata de «universalización y solo de universalización» mientras que el razonamiento práctico es «un discurso en el que se conectan cuestiones y razones morales, éticas y pragmáticas». Dado que el razonamiento jurídico es un caso especial del razonamiento práctico general —y no moral *tout court*—, la argumentación jurídica estaría abierta no solo a razones morales, sino también a razones ético-políticas y pragmáticas. En realidad, como destaca Travessoni, la tesis de la única respuesta correcta no ha sido defendida nunca por Alexy. Más bien, el autor alemán ha desarrollado un modelo que conecta procedimiento con corrección y en el que *la corrección es relativa*, dado que depende del discurso real y no puramente ideal. Por tanto, la tesis de la única respuesta correcta solo puede jugar para Alexy el papel de «ideal regulativo», esto es, un objetivo al que se debería aspirar.

---

6 Véase Alexy, Robert, *Teoría de la argumentación jurídica. La teoría del discurso racional como teoría de la fundamentación jurídica*, trad. de M. Atienza e I. Espejo, Madrid: CEPC, 2008, pp. 203 y ss.

Luego, el brasileño afirma que la teoría desarrollada en *Theorie der Grundrechte* fue concebida para controlar la discrecionalidad legislativa —competencia que corre a cargo del Tribunal Constitucional Federal alemán— y no, como suele pensarse, para tratar específicamente la colisión entre derechos fundamentales. Más aún, Alexy se propone desarrollar una teoría de los derechos fundamentales de la Ley Fundamental de Bonn que integra tanto reglas como principios. Como es de sobra conocido, para el emérito de Kiel ha sostenido que «la ponderación implica la existencia de principios y viceversa», y que «solo los principios pueden ser ponderados», y es aquí donde radica el nudo gordiano de su concepción. En realidad, tanto para Travessoni como para gran parte de la escuela principialista existe una conexión conceptual entre los principios y la ponderación.[7] No podemos escapar al recurso de la proporcionalidad con la intención de aplicar los derechos humanos positivizados porque no es posible recurrir a los criterios tradicionales de resolución de antinomias —jerárquico, cronológico o de generalidad—. En suma: el modelo de Dworkin es demasiado abstracto y deja mucho poder discrecional en manos de los jueces, mientras que el modelo de la ponderación de Alexy «es mucho más específico», toda vez que «viene determinado por el examen de proporcionalidad».

Finamente, gracias a la teoría de los principios de Alexy y sus seguidores pueden distinguirse la discrecionalidad legislativa estructural y la discrecionalidad legislativa epistémica. Esta distinción sortearía la famosa crítica formulada por Ernst-Wolfgang Böckenförde según la cual la teoría princi-

---

7 Sobre esta conexión, puede verse, por ejemplo, Alexy, Robert, «Los derechos fundamentales y el principio de proporcionalidad», trad. de J.A. Portocarrero, *Revista Española de Derecho Constitucional,* 91, 2011, pp. 11-29.

palista termina «estrangulando» al legislador democrático y sus competencias en manos de los jueces constitucionales. Es decir, se evitaría «la transición de un Estado legislativo parlamentario a un Estado jurisdiccional constitucional». La tesis —y la propuesta central— del escrito de Alexandre Travessoni consiste en afirmar que la diferencia entre legislación y jurisdicción no solo es cuantitativa, sino también, y sobre todo, cualitativa:

> *Distinción cuantitativa*: en primer lugar, la sujeción del legislador exclusivamente a la Constitución marca una distinción cuantitativa, puesto que, por el contrario, el juez está obligado no solo por la Constitución, sino también por las leyes, los precedentes y la costumbre (en aquellos casos que la constitución la reconoce como fuente del Derecho). «Esto es suficiente —escribe nuestro ponente— para concluir que la discrecionalidad legislativa es más amplia que la judicial».
>
> *Distinción cualitativa*: en segundo lugar, la sujeción del juez respecto del legislador («constitucional originario» u «ordinario») es cualitativa. Como escribe Travessoni, «la jurisdicción admite la idea regulativa de una única respuesta correcta a cada cuestión jurídica. Esto significa que el legislador posee tanto la discrecionalidad estructural como la epistémica, mientras que el juez solo posee esta última». El juez no puede tener ni ejercer una discrecionalidad estructural porque él sí está vinculado no solo a la constitución, sino también a las leyes, los precedentes y la dogmática.

3. COMENTARIOS A GOMES TRIVISSONO

La ponencia del profesor Alexandre Travessoni es muy sugerente en varios sentidos. Además de lo que ya he señalado, su intervención me suscita tres órdenes de consideraciones que seguidamente plantearé para entablar nuestro coloquio. La primera tiene que ver con la pregunta de por qué un seminario sobre la aplicación judicial de los derechos fundamentales como este se ha convertido en un examen de la obra de Robert Alexy. Mi segunda observación apunta a la propia teoría y a los argumentos que, advierto, siguen esgrimiendo la mayoría de los críticos del principialismo: esas objeciones se dirigen a cuestionar la racionalidad de la ponderación, una cuestión que, en mi opinión, tiene su origen en la polémica sobre la distinción entre «valores» y «principios». Finalmente, y por lo que respecta a la diferencia entre la discrecionalidad legislativa estructural y la discrecionalidad legislativa epistémica —así como a la propuesta de distinción cuantitativa y cualitativa entre legislación y jurisdicción—, se advierte una densa polémica sobre la estructura, función y naturaleza de los principios formales. Analicemos cada una de estas cuestiones.

3.1. Principialismo como teoría dominante en la adjudicación de los derechos

El escrito comentado es un caso elocuente de las razones y el modo en que seminarios dedicados a la temática del que nos convoca aquí se convierten casi inmediatamente, y en todos los frentes, en un examen de la teoría de Robert Alexy. No es exagerado afirmar que, desde el punto de vista de las propuestas contemporáneas para la aplicación en sede judicial de los derechos humanos, así como de la metodología que le acompaña, no hay otra propuesta más influyente en nuestras latitudes que la que ha desarrollado por el emérito de Kiel. La amplia recepción de dicha teoría ha quedado documentada, por ejemplo, en el estudio introductorio a la 2ª edición de la *Teoría de los derechos fundamentales* editada por Carlos Bernal Pulido —también integrante de la escuela de Kiel—, texto en el que el autor afirma que la teoría de Alexy «ha disfrutado de una extraordinaria recepción en la práctica de los tribunales, cortes y salas constitucionales de América Latina».[8] En sentido similar, Massimo La Torre ha señalado que su influencia se extiende «por el Tribunal de Justicia de la Unión Europea hasta las jurisdicciones de varios países de Europa del Este, y ejerce una atracción casi hegemónica en las cortes supremas y tribunales constitucionales de Latinoamerica».[9] Considero que esta notoriedad e influencia están lejos de desvanecerse si tenemos en cuenta que acaba de publicarse la 3ª edición en castellano de esta obra por el Centro de Estudios Políticos y Constitucionales de Madrid, que ahora, adicionalmente, integra una nota de presentación a cargo de Manuel Atienza.[10]

¿Pero a qué puede deberse este «fenómeno»? Además de su fecundidad como método de aplicación de los derechos, una posible razón que explica el ascendiente de la teoría de Alexy es el hecho de que el autor se ha convertido en un gigante de la filosofía del Derecho de nuestros días al que todos quieren enfrentarse y con el que todos quieren debatir o dialogar. Suelo pensar que al profesor de Kiel le está sucediendo algo similar a lo que les ocurrió a autores de la talla de Hans Kelsen o Herbert Hart. En efecto, como se recordará, Kelsen fue objeto de innumerables críticas vertidas desde muy distintos frentes, pues el prestigio alcanzado por su *Reine Rechtslehre* era fuente segura de reconocimiento o prestigio tanto para sus seguidores como para sus detractores (sirva

---

8 Bernal Pulido, Carlos, «Estudio introductorio», en Alexy, Robert, *Teoría de los derechos fundamentales*, trad. C. Bernal, Madrid, Centro de Estudios Políticos y Constitucionales, 2007, p. xxxiii. (La primera traducción al castellano fue de Ernesto Garzón Valdés y fue publicada por el entonces Centro de Estudios Constitucionales en 1993).

9 La Torre, Massimo, «El jurista como verdadero filósofo», trad. de Francisco M. Mora-Sifuentes, *Derechos y Libertades*, 42, 2020, p. 22.

10 Véase Alexy, Robert, *Teoría de los derechos fundamentales*, trad. y estudio introductorio de C. Bernal y presentación de M. Atienza, Madrid, CEPC, 2022.

como ejemplo su «polémica» con Carlos Cossio).[11] Por lo que respecta a H.L.A. Hart, su acérrimo crítico, Ronald Dworkin, escribió de forma expresa que su ataque general contra el positivismo tomaba como blanco preferido la teoría expuesta en *El concepto de Derecho,* pues, a su juicio, representaba la construcción más clara, elegante y potente del positivismo jurídico. Dworkin cimentó su alternativa teórica afirmando que el positivismo hartiano fallaba al concebir el Derecho como un «modelo *puro* de reglas», algo que, hasta donde yo sé, Hart nunca sostuvo y que se ha convertido en un lugar común.[12] Así, bien para encuadrarse dentro de ese paradigma, bien para intentar derrocarlo, el escrutinio de la teoría de Alexy —como en otro momento en la de Kelsen o Hart— parece un rito de paso obligado para cualquier teórico del Derecho con pretensiones. Las discusiones, los desencuentros o las polémicas son parte de la labor habitual que los teóricos y filósofos del Derecho desarrollan con mayor o menor vehemencia, pero siempre dentro de los márgenes del respeto.

Como es obvio, esto no significa negar que haya alternativas a la ponderación como método de adjudicación constitucional. Por supuesto, existen otras metodologías, e incluso otros programas teóricos, que se presentan como opciones para la aplicación de los derechos fundamentales en sede judicial. Estoy pensando, por citar un caso eminente en nuestras latitudes, en el garantismo de Luigi Ferrajoli, una teoría pensada desde y para el Estado constitucional que, sin embargo, no comparte la idea de que

---

11 Sobre esto, puede verse Kelsen, Hans, «Teoría pura del derecho y teoría egológica», *Revista de Estudios Políticos,* 71, 1953, pp. 3-40.

12 Derivado tal vez, del éxito del primer ataque dworkiniano a Hart (la crítica de los «principios») y que el propio Dworkin denominó en una compilación de trabajos «Is Law a System of Rules?», en Dworkin, R.M., *The Philosophy of Law,* Oxford Readings in Philosophy, Oxford: Clarendon Press, 1977.

los derechos fundamentales sean "principios" o «mandatos de optimización» y, por ello, rechaza la metodología en cuestión.[13] Lo dicho tampoco supone negar que, como cualquier otra teoría, el principialismo alexiano es y debe ser susceptible de crítica, de revisión, de reformulación, etc. Y lo que es más importante: que en cuanto teoría es susceptible también, por supuesto, de ser abandonada. Sin embargo, estimo que ese horizonte está todavía lejos por al menos dos razones. La primera es que la teoría de los principios se integra en un sistema que la convierte en un auténtico paradigma, entendida esta expresión como una compleja red de tesis y asunciones compartidas por una comunidad científica. Ese sistema incluye su concepción no positivista del Derecho y su potente teoría de la argumentación jurídica, a las que habría que sumar todas las adiciones o reformulaciones introducidas a lo largo de varias décadas por el propio Robert Alexy o por sus discípulos.[14] La segunda razón, tal vez la más relevante, de su preeminencia es que las críticas formuladas contra el principialismo —y la ponderación que le es consustancial— se han limitado a la *pars destruens*.[15] Es decir, no se ha construido todavía una alternativa teórica de similar calado o que proporcione los mismos rendimientos que la teoría de los principios. En todo caso, por lo que respecta a la teoría de los derechos fundamentales alexiana, tengo mi propia

---

13 Véase Ferrajoli, Luigi, «Constitucionalismo principialista y constitucionalismo garantista», trad. N. Guzmán, *Doxa*, 34, 2012.

14 Por ejemplo: Klatt, Mathias, «La filosofía del Derecho de Alexy como sistema», trad. H. Morales-Zuñiga, *Doxa*, núm. 43, 2020, pp. 219-254.

15 Pienso que en este preciso sentido son ilustrativos los trabajos del profesor Juan Antonio García Amado. Véase, por ejemplo, «El juicio de ponderación y sus partes. Una crítica», en R. García Manrique (coord.), *Derechos sociales y ponderación*, Madrid: Fundación Coloquio Jurídico Europeo, 2009, pp. 249-332.

interpretación para explicar y entender el nudo gordiano de lo que aquí nos ocupa, así como los problemas que acompañan al principialismo y que, tal vez paradójicamente, no son externos al paradigma, sino internos al mismo.

3.2. La Theorie der Grundrechte como reconstrucción de la interpretación de la Ley Fundamental de Bonn hecha por el Tribunal Constitucional

Alexandre Travessoni tiene razón cuando afirma que la teoría de los derechos fundamentales es una reconstrucción de la jurisprudencia del Tribunal Constitucional Federal alemán (TCF) que toma las disposiciones positivas de la Ley Fundamental de Bonn (LF) como punto de partida. Concretamente, me refiero a normas o preceptos tales como el principio de la intangibilidad de la dignidad humana —art. 1, párrs. 1 y 2, de la LF—; la vinculación directa e inmediata de los derechos fundamentales a todos los poderes públicos —art. 1, párr. 3, de la LF—, incluido, por supuesto, el legislador —art. 20, párr. 3, de la LF—; la garantía del contenido esencial de los derechos —art. 19, párr. 2, de la LF—; y, sobre todo, su garantía jurisdiccional, atribuida en primera instancia a los tribunales ordinarios —art. 19, párr. 4, de la LF—, que fue coronada con la creación de un Tribunal Constitucional al que también se le otorgan competencias de tutela en materia de derechos —art. 93, párr. 1, 4a, de la LF—. Como puede apreciarse, la LF faculta al Tribunal Constitucional Federal para controlar que el legislador democráticamente legitimado no traspase los límites de su autoridad materializados, básicamente, en el respeto a los derechos fundamentales. Aquí, me parece, hay un primer punto destacable: la teoría quiere ser la base de una dogmática para la ley Fundamental, o, como dice Alexy, «una teoría jurídica de los derechos fundamentales de la Ley

Fundamental».[16] Dicha teoría pretende ofrecer una representación adecuada de la estructura y la función de los derechos fundamentales bajo las ambiciosas pretensiones de la Ley Fundamental de Bonn, esto es, una constitución prototípica del constitucionalismo contemporáneo que afirma su fuerza normativa y está garantizada jurisdiccionalmente.

Al utilizar la expresión «adecuada» quiero decir, en primer lugar, que la teoría sea capaz de articular las diversos efectos incorporados a los derechos fundamentales por el intérprete constitucional —i.e., su fuerza vinculante directa e inmediata supraordenada a todos los poderes públicos, su dimensión subjetiva, su dimensión objetiva, la figura de los deberes de protección a cargo del Estado, el efecto frente a terceros o *Drittwirkung*, los derechos prestacionales en el Estado social de Derecho, el principio democrático, etc.—. Asimismo, esa teoría debe dejar el espacio necesario para que el carácter autoritativo del Derecho y el principio democrático *lato sensu* no se diluya en manos de los jueces constitucionales. En segundo lugar, esa teoría debe ser capaz de seguir manteniendo el carácter deontológico de los derechos fundamentales. A la luz de todo lo dicho, mi argumento es el siguiente: creo que el tratamiento que en la obra de Robert Alexy se hace de la «jurisprudencia de valores», interpretación impulsada por el TCF para comprender la estructura, la función y el alcance del catálogo de derechos fundamentales de la Ley Fundamental de Bonn es nuclear en todo este asunto.[17] Comprender esta idea sirve para calibrar las críticas formuladas, por una parte, a los

---

16 Alexy, Robert, *Teoría de los derechos fundamentales*, 2007, *op. cit.*, p. 12.

17 Me he ocupado a mayor detalle de esta cuestión en mi trabajo: Mora-Sifuentes, Francisco M., «Derechos fundamentales como valores. Sobre los orígenes y críticas a la *Drittwirkung*», en A.D. Mateos Durán (Coord.), *El efecto horizontal de los derechos fundamentales*, Bogotá: Universidad Externado de Colombia, 2022, pp. 71-116.

principios en cuanto mandatos de optimización y, por otra, a la racionalidad de la ponderación. Y quizá también, es útil para advertir el problema más importante que enfrenta el principialismo en la actualidad. Todo lo expuesto hasta aquí se relaciona con la reconstrucción que Alexy ha hecho de la «jurisprudencia de valores», así como las posibles respuestas a sus críticos, de las que me ocuparé a continuación.

El 15 de enero de 1958, el TFC abordó varios de los temas más interesantes de la teoría de los derechos en el famoso fallo *Lüth*, caso que tenía como base una disputa originada en el ámbito del derecho privado. El intérprete constitucional determinó que los derechos constituyen un «orden objetivo de valores» (*objektive wertordnung*) que permean todo el ordenamiento jurídico (*Ausstrahlungswirkung*), creando figuras y parámetros interpretativos de alcance superior a la problemática planteada. En virtud de ese fallo, se asumió que los derechos fundamentales no son solo derechos de defensa del ciudadano frente al Estado, sino que también poseen una «dimensión objetiva», esto es, que simultáneamente constituyen elementos de un «orden valorativo».[18] Debido a su fuerza vinculante respecto del poder público, se considera que el legislador, el ejecutivo y la jurisdicción no deben, respectivamente, aprobar leyes, decretar actos administrativos y dictar sentencias que sean incompatibles con los derechos fundamentales. Los derechos operarán como parámetros de validez normativa incluso en las relaciones entre particulares. Ello supone un cambio trascendental para el ordenamiento jurídico en su conjunto, en la medida en que todo el Derecho

---

18 Stern, Klaus, «El sistema de los derechos fundamentales en la República Federal de Alemania», *Revista del Centro de Estudios Constitucionales,* 1, 1988, p. 264. En el mismo sentido: Schneider, Hans-Peter, «Peculiaridad y funciones de los derechos fundamentales en el Estado constitucional democrático», trad. J. Abellán, *Revista de Estudios Políticos,* 7, 1979, p. 25.

se verá impregnado por principios y valores. Se trata de la así llamada «materialización del Derecho», en virtud de la cual, a la dimensión negativa o defensiva de los derechos, propia del constitucionalismo liberal, se añade una dimensión eminentemente positiva, de actuación, a cargo de los poderes públicos, propia del constitucionalismo social. Un crítico como Ernst Forsthoff observó de manera nítida que para que ese cambio pudiera hacerse efectivo era necesario «transformar en positivos unos derechos que se habían formulado a la defensiva y, por ello, negativamente». Esto es, para hacer compatible la acción estatal con los derechos —los «deberes de protección»—era preciso entenderlos como «principios positivos», lo que fue posible «a través de concebir los derechos como la positivación de valores y la totalidad de derechos fundamentales como sistema de valores inherentes a la Constitución».[19] Ahora bien, resulta claro que aquí hay un problema de primer orden.

Para los críticos, la comprensión de los derechos fundamentales como valores supone un peligro tanto para el Derecho como para los propios derechos, puesto que los valores pertenecen a un ámbito completamente distinto y, al equiparar valores y normas, se distorsiona por completo el fenómeno jurídico. En primer lugar, se afirma que el valor «vale», no «es», y que, por el hecho de que «vale», tiene «un afán fuerte de realización». En ello radica su problema: al decir que algo vale, en el fondo queremos imponerlo, puesto que «las virtudes se ejercen, las normas se aplican, los mandatos se cumplen; pero los valores se establecen y se imponen».[20] Los valores presentan un rostro agresivo en

---

19 Forsthoff, Ernst, *El Estado social en la sociedad industrial*, trad. L.L. Guerra y J. Nicolás Muñiz, Madrid: Instituto de Estudios Políticos, 1975, p. 250.

20 Schmitt, Carl, «La tiranía de los valores», trad. Á. Schmitt, *Revista de Estudios Políticos*, 115, 1961, pp. 65-81.

cuanto valen *para alguien* y, sobre todo, *contra alguien.* Esto se debe al carácter meramente subjetivo de los valores. Están inmersos en un puro «perspectivismo», por más que haya habido intentos de predicar su objetividad en un esfuerzo por superar el nihilismo de finales del siglo XIX. Pero ni siquiera la pretendida objetividad nos salvaría del peligro del recurso a la axiología: si cada «valoración» supone una «desvalorización», los valores nos abocan a una lucha entre ellos, y, en última instancia, a una confrontación que se prolonga hasta lograr la aniquilación del «sin valor». La famosa crítica de Carl Schmitt parece traernos su dialéctica «amigo-enemigo» a este campo en su escrito «La tiranía de los valores». En definitiva, al trasladarse al mundo del Derecho, los valores desatan en su interior la batalla por la realización de las convicciones e intereses propios.[21]

El ámbito propio de los valores —se nos dice— no es el deontológico, sino el teleológico. Esto significa que, al concebirse como valores, los derechos fundamentales no tienen carácter de normas jurídicas, pues se aproximan al modelo de bienes apetecibles y se les sustrae su carácter deontológico —su condición de reglas morales— con pretensión de validez universal. Si se conciben de este modo, su capacidad protectora se degrada, o en términos de J. Habermas, queda erosionado su carácter de «cortafuegos» frente a decisiones agregativas.[22] Asimismo, la crítica apunta a la indeterminación que para los derechos —y, más específicamente, para su aplicación— supone su comprensión como valores. Esta cuestión lleva aparejada una ruptura tanto de los conceptos jurídicos como de los métodos de interpretación: la interpretación jurídica deviene desde tales premisas

---

21 *Ibídem*, p. 69 y ss.

22 Habermas, Jürgen, *Facticidad y validez. Sobre el derecho y el Estado democrático de derecho en términos de teoría del discurso*, trad. M. Jiménez Redondo, Madrid, Trotta, 2008, p. 332.

una evanescente «averiguación de realidad y sentido de la constitución», en un ejercicio altamente discrecional. De acuerdo con la conocida crítica de Böckënforde, que sigue la estela de Forsthoff, lo que guía la interpretación no son ya categorías propiamente normativas, sino una visión total de la realidad dada y de la constitución. Son las «ciencias del espíritu», y no el método jurídico tradicional, la clave a través de la cual las disposiciones de derechos fundamentales dotan de sentido al sistema de valores de cada momento en un contexto rápidamente cambiante. Cada ejercicio de interpretación, por tanto, se convierte aquí en una potencial mutación de la constitución.[23]

No hace falta pensar mucho para reparar en que todo lo dicho supone un problema tanto para la división de poderes como para la idea de imperio de la ley, esto es, para la sujeción de los poderes públicos en general, y de los jueces constitucionales en particular, al Derecho mismo. En efecto, en el plano institucional, esa apertura e indeterminación de la constitución como «orden objetivo de valores» podría convertirse en una suerte de «omnipotencia judicial», en un gobierno de los jueces en el que el proceso democrático y el Parlamento, en cuanto órgano estatal con mayor dignidad representativa, fueran suplantados. El peligro de una «juristocracia» parece inevitable desde el momento en que, debido al efecto irradiante de los derechos fundamentales, la «omnipotencia de los tribunales» pasa a ser una nota que acompaña a la propia «omnipresencia de la constitución» en el Estado constitucional. En definitiva, bien porque la constitución diga «demasiado poco» —en cuyo caso la posición de los jueces se refuerza—, bien porque diga «demasia-

---

23 *Cfr.* Böckenförde, Ernst-Wolfgang, «Teoría e interpretación de los derechos fundamentales», trad. J.L. Requejo e I. Villaverde, en *Id.*, *Escritos sobre derechos fundamentales,* Baden-Baden: Nomos, 1993, pp. 27 y ss.

do» —en cuyo caso la posición del legislador se debilita—, la consideración de los derechos fundamentales como valores supondría una limitación de su resistencia frente a las decisiones colectivas, así como un peligro para la división de poderes.[24]

3.3. Respuestas a las objeciones y los principios formales

La crítica que incide en la comprensión de los derechos como valores ha sido afrontada de diversas maneras. Si se observa con atención, la primera estrategia pasa por constatar un hecho: que las constituciones de posguerra reconocen fuerza vinculante a los variopintos catálogos de derechos y libertades, principios o valores, condicionando así la «disciplina constitucional de los derechos».[25] Ello exige una «deontología flexible» capaz de articular el pluralismo de nuestras sociedades postmetafísicas.[26] El hecho de que los valores sean deducidos del ordenamiento —como en el caso alemán— o incorporados al mismo —como en el caso español— propicia una aproximación entre conceptos valorativos y normativos. El punto clave pasa por racionalizar la aplicación o interpretación de esos contenidos iusfundamentales así como por entender que la constitución no solo es un «orden fundamental» sino también un «orden marco». En efecto, los dere-

---

24 Tomo las expresiones de Alexy, Robert, «Epílogo a la teoría de los derechos fundamentales», en *Id., Teoría de los derechos fundamentales,* trad. de C. Bernal, Madrid, CEPC, 2009.

25 Véase Celano, Bruno, *Cómo debería ser la disciplina constitucional de los derechos,* trad. A. Greppi y F. Laporta, prólogo de J.J. Moreso, Madrid: CEPC, 2009, pp. 195-234.

26 Para un desarrollo de este argumento, Zagrebelsky, Gustavo, *El derecho dúctil. Ley, derechos, justicia,* trad. de M. Gascón, epílogo de G. Peces-Barba, Madrid: Trotta, 1995; más recientemente, García Figueroa, Alfonso, *Criaturas de la moralidad. Una aproximación neoconstitucionalista al Derecho a través de los derechos,* Madrid: Trotta, 2009.

chos como «principios», *rectius* «mandatos de optimización», mantienen su núcleo deontológico a la vez que preservan la dimensión ideal de los valores, remitiendo a una ponderación entre los derechos o bienes en juego. Imponen la necesidad de llevar a cabo un ejercicio de argumentación jurídica que, en el fondo, es una argumentación práctica, permeable también a razones morales sustantivas. Incluso puede prescindirse del propio concepto de «valor» y reconducirlo al de «principio», algo que, como hizo notar B. Schlink, ya ha ocurrido tanto en la dogmática como en la jurisprudencia. En efecto, Schlink ha sostenido que la crítica habermasiana formulada en *Faktizität und Geltung* respecto a la orientación valorativa de la jurisprudencia del Tribunal Constitucional alemán no solo es errónea —porque confunde valores con normas—, sino, sobre todo, anacrónica —porque el Tribunal Constitucional federal ya no utiliza tal categoría a partir de los años de 1970—.[27]

Estimo que la distancia marcada respecto a la «jurisprudencia de valores» por parte de la teoría de los principios viene impulsada por el hecho de que una sobreconstitucionalización del ordenamiento es mucho más acusada cuando se asumen los postulados de la primera. Si ello es así, no podría afirmarse que existen marcos de discrecionalidad para el legislador. Como se sabe, en su «Epílogo a la teoría de los derechos fundamentales», Alexy ha abordado más decididamente esta dificultad y ha planteado una tercera vía entre la concepción de la constitución como un modelo puramente procedimental —que confía todo a la discrecionalidad del legislador— y su consideración como un modelo puramente material —que no confía nada a la discrecionalidad del legislador—. En su lugar, el emérito de Kiel propone un modelo

27 Schlink, Bernhard, «The Dynamics of Constitutional Adjudication», *Cardozo Law Review*, 17, 1995, pp. 1231-1238.

«material-procedimental» en el que «se confían algunas cosas a su discrecionalidad [a la discrecionalidad del legislador] y otras no, es decir, hay ciertas cosas que están ordenadas o prohibidas» por la constitución.[28] Sostiene, en consecuencia, que de este modo es posible admitir la existencia de un «marco» dentro del cual legislador democrático posee un margen de acción tanto estructural como material. Esto último lleva a Alexy a distinguir, por un lado, un margen de acción estructural y, por otro, un margen epistémico o cognitivo que «no deriva de los límites de lo que la Constitución ordena y prohíbe, sino de los límites de la capacidad para reconocer lo que la Constitución, por una parte, ordena y prohíbe, y por otra, lo que no ordena ni prohíbe, es decir lo que confía a la discrecionalidad legislativa».[29] La defensa de ese marco, es en el fondo, la defensa de lo «constitucionalmente posible» y de su compatibilidad con la idea de la optimización de los principios, qie puede sostenerse, de igual forma, si se concibe la constitución como un orden fundamental cualitativo. A fin de sustentar esta afirmación, Alexy identifica tres márgenes para la acción estructural: i) la fijación de fines, ii) elección de medios y iii) la ponderación. No me detendré más en este punto y pasaré a analizar la idea de los principios formales.

La cuestión de los principios formales es el último gran desarrollo de la teoría de los principios y, quizás, su auténtico caballo de troya. En efecto, dichos principios entran en escena en los casos de discrecionalidad epistémica, que puede ser tanto i) empírica como ii) normativo-epistémica. Desde mi punto de vista, los principios formales nos abocan al problema de buscar y hallar un punto arquimédico en el que, por una parte, se reconozca al legislador discrecionali-

---

[28] Alexy, Robert, «Epílogo a la teoría de los derechos fundamentales», *op. cit.*, p. 518.

[29] *Ídem.*

dad para determinar limitaciones a los derechos fundamentales *cuando no hay conocimiento suficiente* de las premisas empíricas o normativas en las que basa su intervención —por lo que, adviértase, podrían considerarse proporcionales o justificadas algunas intervenciones cuando en realidad no lo son—, y, por otra parte, la constitución y los derechos fundamentales sigan manteniendo su fuerza vinculante. Es decir, la complejidad de los principios formales radica en el hecho de que juegan a favor de las decisiones autoritativamente adoptadas por el parlamento, y su incorporación al esquema de la ponderación podría desvirtuar la fuerza de los derechos y debilitar el control al que debe estar sujeto el poder legislativo. Como afirma Alexy, «los principios formales requieren que la autoridad de las normas debidamente expedidas y socialmente eficaces sea optimizada».[30] Ahora bien, ¿cómo puede hacerse compatible esta tesis con una teoría adecuada de la discrecionalidad legislativa? Dicho de una forma excesivamente simple: el tema podría reducirse de nuevo a una alternativa *todo o nada* entre las competencias de control que juegan a favor del Tribunal Constitucional y las competencias de libertad de configuración que juegan a favor del poder legislativo. En palabras de Alexy, «reconocer una competencia al legislador para interferir con los derechos fundamentales simplemente por estar democráticamente legitimado debilitaría la prioridad de la Constitución sobre la legislación parlamentaria ordinaria».[31]

Pues bien, las dudas sobre la naturaleza de los principios formales abrieron un nuevo frente de batalla no solamente con los críticos de la ponderación, sino sobre todo en el interior de la llamada «*segunda*» escuela de Kiel. Puede afir-

---

30 Alexy, Robert, «Formal principles: Some replies to critics», *I•CON. International Journal of Constitutional Law*, 12(3), 2014, p. 516.

31 Alexy, Robert, «Formal principles: Some replies to critics», *op. cit.*, p. 518.

marse que la profundización en el estudio de los principios formales ha supuesto la introducción de modificaciones de gran calado en la obra de Robert Alexy, así como en una pieza central de su *corpus teórico*: la fórmula del peso. En efecto, los principios formales implicaron, por un lado, el paso de un «*in dubio pro* derechos» a un «*in dubio pro legislatore*» en cuanto a las cargas de la argumentación.[32] Por otro lado, implicaron la formulación de una «segunda ley de la ponderación» o de una «ley epistémica de la ponderación» según la cual «cuanto más intensa sea una intervención de un derecho fundamental, tanto mayor debe ser la certeza de las premisas que sustentan la intervención».[33] En consonancia con lo anterior, la fórmula del peso (*Die Gewichtsformel*) también ha sido modificada para dar cabida al problema que los principios formales tratan de resolver, esto es, dejar márgenes de acción discrecionales al legislador democrático. Tal fórmula es cada vez más compleja o adicionada, y la «fórmula del peso completa refinada» ha sido la última aceptada entre los partidarios de dicha teoría. Con ella, además, Robert Alexy ha terminado por introducir un nuevo modelo de «optimización epistémica de segundo orden» para los principios formales.[34] Es en este punto donde, en mi opinión, algunas sombras se proyectan sobre la teoría de los principios *qua* teoría.

Desde mi punto de vista, la sombra más importante que se proyecta sobre la teoría de los principios no es otra que la de la hipersofisticación de la misma. Parece que el principialismo ha devenido impenetrable no solo para la mayoría de los operadores jurídicos, sino incluso para los propios

---

32 Cfr. Alexy, Robert, «Epílogo a la teoría de los derechos fundamentales», *op. cit.*, pp. 541 y ss.

33 Alexy, Robert, «Epílogo a la teoría de los derechos fundamentales», *op. cit.*, p. 552.

34 Véase Alexy, Robert, «Formal principles: Some replies to critics», *op. cit.*

teóricos del Derecho, a los que les resulta difícil seguir las discusiones que han tenido lugar en el seno de la segunda escuela de Kiel. En gran medida, esta deriva supone cierta «escolastización», y una muestra de ello son las diversas fases sobre la discusión en torno a los principios formales: la publicación de la *Teoría de los derechos fundamentales*, que supondría el modelo original e incipiente esbozado por Alexy —combinación—; el modelo de los principios formales colisionantes —Sieckmann—, el modelo de la combinación refinado —Borowski— y una tercera fase de la teoría de los principios formales que se inicia con la publicación del trabajo de Alexy sobre el tema en el año 2014, «*Formal principles: Some replies to critics*», artículo antes citado en el que Alexy abandona el modelo de la combinación y asume un modelo epistémico de segundo orden.[35] El desarrollo de la discusión en torno a la naturaleza y la estructura de principios formales ha supuesto, en definitiva, una merma de la simplicidad de la teoría.

4. A MODO DE CONCLUSIÓN

El escrito del profesor Alexandre Travessoni Gomes Trivisonno, «La interpretación judicial de los derechos humanos», es una buena muestra del impacto y la recepción de la teoría principalista del Derecho en América Latina. El autor defiende el núcleo de las ideas de dicha corriente — la distinción reglas/principios, la tesis del caso especial, la racionalidad de la ponderación, así como la existencia de márgenes de discrecionalidad normativa y epistémica del legislador democrático— para la aplicación de los derechos

---

35 Sobre densa la discusión de los principios formales, puede verse A. Travessoni Gomes y M. Borowski (eds.), *O debate sobre a teoría dos principios formais de Robert Alexy*, Rio de Janeiro: Marcial Pons, 2022.

humanos en sede jurisdiccional. Sin embargo, también se advierten algunos matices. Por ejemplo, Travessoni propone denominar «derechos humanos nacionales» o «internacionales» a los derechos positivizados en las fuentes jurídicas respectivas, mientras que utiliza el término «derechos subjetivos morales» o «prepositivos» para designar aquellos que no han sido todavía institucionalizados en ninguna fuente. En mi opinión, esta opción es problemática, puesto que los derechos humanos suelen reconocerse por la nota de universalidad, cualidad de la que no siempre gozan los derechos reconocidos en las fuentes de Derecho internacional y mucho menos los que están reconocidos en una fuente nacional. Por otra parte, Alexandre Travessoni afirma que los derechos que ya han sido institucionalizados, sobre todo en las fuentes nacionales, poseen menos «indeterminación» de lo que la teoría principialista suele asumir. Sea como fuere, entiende la teoría de la argumentación jurídica de Alexy constituye una tercera vía entre el voluntarismo —representado por Kelsen— y el puro racionalismo —representado por Dworkin y su tesis de la única respuesta correcta—, en la medida en que ofrece un esquema para la «corrección posible». Finalmente, y con miras a evitar la deriva hacia un «Estado jurisdiccional constitucional», el profesor brasileño defiende que la distinción entre legislación y jurisdicción no solo es cuantitativa, sino cualitativa, dado que el ideal regulativo de la única respuesta correcta es únicamente aplicable al juez, mas no al legislador, lo que supone reconocer márgenes de discrecionalidad a este último.

En la segunda parte de este trabajo he expuesto mis comentarios. En primer lugar, la importancia de la teoría principialista como metodología predominante en la adjudicación de los derechos fundamentales, me parece, está fuera de toda duda. Su impacto se debe no solo a su fecundidad sino al hecho de que su autor, Robert Alexy, se ha convertido en una figura de la filosofía del Derecho con el que todo teórico con pretensiones —sobre todo, en la tradición continental— trata de dialogar o discutir. Sin embargo, como cualquier otra teoría, el principialismo puede ser criticado o cuestionado y, por qué no, abandonado. Y es aquí donde detecto una paradoja: las críticas externas se han centrado en la *par destruens*, sin presentar alternativas sólidas o de igual fecundidad que la teoría de los principios de Alexy, mientras que las críticas internas, esto es, las que provienen desde la propia segunda escuela de Kiel, resultan más complejas y problemáticas. En el nudo gordiano de todo ello estriba, en mi opinión, en la vinculación de la optimización con la jurisprudencia de valores. En realidad, la obra de Alexy, concebida como una teoría de la Ley Fundamental que trata de racionalizar la jurisprudencia del Tribunal Constitucional Federal alemán tuvo que hacerse cargo de la interpretación que considera que los derechos fundamentales constituyen un «orden objetivo de valores». Como se sabe, Alexy recondujo todos los desarrollos vinculados a esa «jurisprudencia valorativa» a través de la noción de «principios» *qua* «mandatos de optimización» que pretenden mantener el carácter deontológico de los derechos. Con ello, también se buscó dejar el margen necesario para que el carácter autoritativo del Derecho y el principio democrático no se diluyera en manos de los jueces constitucionales. Este es el tema crítico de los principios formales, la *«última espina clavada»* en la optimización de teoría alexiana.

BIBLIOGRAFÍA

Alexy, Robert, «Derechos humanos sin metafísica», trad. E.R. Sordero, *Doxa*, 30, 2007.

— «Epílogo a la teoría de los derechos fundamentales», en *Id.*, *Teoría de los derechos fundamentales*, trad. de C. Bernal, Madrid, CEPC, 2009.

— «Formal principles: Some replies to critics», *I•CON. International Journal of Constitutional Law*, 12(3), 2014.

— «Los derechos fundamentales y el principio de proporcionalidad», trad. J.A. Portocarrero, *Revista Española de Derecho Constitucional*, 91, 2011.

— *Teoría de la argumentación jurídica. La teoría del discurso racional como teoría de la fundamentación jurídica*, trad. de M. Atienza e I. Espejo, Madrid: CEPC, 2008.

— *Teoría de los derechos fundamentales*, trad. y estudio introductorio de C. Bernal y presentación de M. Atienza, Madrid, CEPC, 2022.

Bernal Pulido, Carlos, «Estudio introductorio» en Alexy, Robert, *Teoría de los derechos fundamentales*, trad. C. Bernal, Madrid, Centro de Estudios Políticos y Constitucionales, 2007.

Böckenförde, Ernst-Wolfgang, «Teoría e interpretación de los derechos fundamentales», trad. J.L. Requejo e I. Villaverde, en *Id.*, *Escritos sobre derechos fundamentales*, Baden-Baden: Nomos, 1993.

Borowski, Martin, «La teoría del discurso en el derecho internacional. Los derechos humanos a través del discurso», en *Id.*, *Elementos esenciales de la dogmática de los derechos fundamentales*, trad. A.D. Mateos, México: Tirant lo Blanch, 2021.

Celano, Bruno, *Cómo debería ser la disciplina constitucional de los derechos*, trad. A. Greppi y F. Laporta, prólogo de J.J. Moreso, Madrid: CEPC, 2009.

Dworkin, Ronald, «Is Law a System of Rules?» en *Id.*, *The Philosophy of Law*, Oxford Readings in Philosophy, Oxford: Clarendon Press, 1977.

Ferrajoli, Luigi, «Constitucionalismo principialista y constitucionalismo garantista», trad. N. Guzmán, *Doxa*, 34, 2012.

Forsthoff, Ernst, *El Estado social en la sociedad industrial,* trad. L.L. Guerra y J. Nicolás Muñiz, Madrid: Instituto de Estudios Políticos, 1975.

García Amado, Juan Antonio, «El juicio de ponderación y sus partes. Una crítica», en R. García Manrique (coord.), *Derechos sociales y ponderación,* Madrid: Fundación Coloquio Jurídico Europeo, 2009.

García Figueroa, Alfonso, *Criaturas de la moralidad. Una aproximación neoconstitucionalista al Derecho a través de los derechos,* Madrid: Trotta, 2009.

Gomes Trivisonno, Alexander Travessoni y Borowski, Martin (eds.), *O debate sobre a teoría dos principios formais de Robert Alexy,* Rio de Janeiro: Marcial Pons, 2022.

Habermas, Jürgen, *Facticidad y validez. Sobre el derecho y el Estado democrático de derecho en términos de teoría del discurso,* trad. M. Jiménez Rendondo, Madrid, Trotta, 2008.

Kelsen, Hans, «Teoría pura del derecho y teoría egológica», *Revista de Estudios Políticos,* 71, 1953.

— *Teoría pura del Derecho,* trad. R. Vernengo, México: UNAM-Porrúa, 1960 [2002].

Klatt, Mathias, «La filosofía del Derecho de Alexy como sistema», trad. H. Morales-Zuñiga, *Doxa,* 43, 2020.

La Torre, Massimo, «El jurista como verdadero filósofo», trad. Francisco M. Mora-Sifuentes, *Derechos y Libertades,* 42, 2020.

Mora-Sifuentes, Francisco M., «Derechos fundamentales como valores. Sobre los orígenes y críticas a la *Drittwirkung*», en A.D. Mateos Durán (Coord.), *El efecto horizontal de los derechos fundamentales,* Bogotá: Universidad Externado de Colombia, 2022.

Schneider, Hans-Peter, «Peculiaridad y funciones de los derechos fundamentales en el Estado constitucional democrático», trad. J. Abellán, *Revista de Estudios Políticos,* 7, 1979.

Schlink, Bernhard, «The Dynamics of Constitutional Adjudication», *Cardozo Law Review,* 17, 1995.

Schmitt, Carl, «La tiranía de los valores», trad. Á. Schmitt, *Revista de Estudios Políticos,* 115, 1961.

Stern, Klaus, «El sistema de los derechos fundamentales en la República Federal de Alemania», *Revista del Centro de Estudios Constitucionales,* 1, 1988.

Zagrebelsky, Gustavo, *El derecho dúctil. Ley, derechos, justicia,* trad. M. Gascón, epílogo de G. Peces-Barba, Madrid: Trotta, 1995.

III. CONFLICTOS ENTRE DERECHOS CONSTITUCIONALES Y MANERAS DE RESOLVERLOS

MANERAS DE RESOLVER LOS CONFLICTOS ENTRE DERECHOS: UNA ESTRATEGIA ESPECIFICACIONISTA

Josep Joan Moreso*

1. INTRODUCCIÓN: CUATRO CASOS JUDICIALES

En este trabajo me propongo prestar especial atención a los problemas de aplicación de las constituciones o los convenios internacionales que contienen declaraciones de derechos, dado que las pautas que establecen derechos pueden entrar en conflicto entre sí.

* Catedrático de Filosofía del Derecho, Universitat Pompeu Fabra (Barcelona). email: josejuan.moreso@upf.edu, https://orcid.org/0000-0003-2702-569X
Conferencia disertada el 7 de septiembre de 2022, en la Escuela Judicial del Estado de México.
Una versión preliminar de este texto fue presentada como ponencia en el Primer Coloquio Hispano-Mexicano de Filosofía del Derecho: la interpretación y aplicación de los derechos humanos en sede judicial en Toluca, México, organizado por el Poder Judicial del Estado de México, PJDOMEX, en septiembre de 2022. Fui invitado la Escuela Judicial, a los dos *discussants* de mi ponencia, Pablo Rapetti y Germán Súcar, y a todos los asistentes quedo en deuda por sus amables observaciones. Este trabajo ha sido escrito bajo el auspicio de dos proyectos de investigación, concedidos respectivamente por la Agencia Española de Investigación PIF2020-115941GB-100 y por la Generalitat de Cataluña, 2017, SGR 00823. Por otro lado, este texto es el desarrollo de algunas ideas ya presentadas en Moreso (2012).

Se trata de un fenómeno muy conocido en la filosofía práctica en general y en la filosofía moral en particular. Supongamos que una persona sugiere que hay un principio moral que establece «Deben cumplirse las promesas», y que otra persona trata de mostrarle que el hecho de haber prometido hacer *A* no siempre constituye una razón *decisiva* para hacer *A*, puesto que puede chocar con otro principio moral. Así, ¿es una razón para matar a una persona el hecho de haberlo prometido a cambio de un millón de euros? Parece que aquí vence el principio moral con arreglo al cual no se debe matar.

Sin embargo, un modo aparentemente muy plausible de concebir la racionalidad práctica consiste en justificar una determinada acción aludiendo a un principio subyacente que, en aquellas circunstancias, exige realizar dicha acción. Si hubiera dos principios en conflicto que requiriesen acciones incompatibles, este modo de concebir la racionalidad práctica sería insuficiente. Por esta razón, lo que podemos denominar el *enfoque subsuntivo* es atractivo, y esa es la razón que llevó a Kant a sostener que *obligaciones non colliduntur.*[1]

Tal y como usualmente la comprendemos, la aplicación del Derecho es una instancia de esta concepción general de la racionalidad práctica. Aplicar el derecho consiste en determinar la norma individual que establece una cierta consecuencia normativa para un caso individual. A tal fin, se trata de mostrar que ese caso individual es una instancia de un caso genérico al que una norma aplicable correlaciona con esa consecuencia normativa. Dicha operación se conoce con el nombre de *subsunción.*

---

1 Kant, Immanuel, *La metafísica de las costumbres,* trad. A. Cortina Ors y J. Conill Sancho, Madrid: Tecnos, 1989, p. 31.

Ahora bien, hay supuestos en los que el enfoque subsuntivo parece plantear problemas. Traigo aquí a colación cuatro supuestos de ese tipo: el caso *Titanic*, el caso del *cura de Hío*, el caso del *niño Marcos* y el caso *Lombardi Vallauri*.

En el caso *Titanic*[2] se planteó la frecuente colisión entre la libertad de expresión y el derecho al honor. La revista satírica *Titanic* había llamado «asesino nato» y, en una edición posterior, «tullido» a un oficial de la reserva que era parapléjico y que había logrado ser convocado de nuevo para llevar a cabo unos ejercicios militares. El Tribunal Superior de Dusseldorf condenó a la revista a pagar una indemnización de 12.000 marcos alemanes al oficial. La revista interpuso un recurso de amparo y el Tribunal Constitucional alemán consideró que llamar al oficial «asesino nato» era una interferencia moderada o leve en su derecho al honor, porque este tipo de apelativos eran usuales en su estilo satírico, y, en cambio, la interferencia en la libertad de expresión se considera grave. Sin embargo el juz constitucional determinó que llamar «tullido» a un parapléjico constituía una interferencia gravísima en su derecho al honor que derrotaba la interferencia grave en la libertad de expresión de la revista. Es decir, el Tribunal Constitucional estimó el recurso de amparo únicamente por este segundo apelativo.

En el caso del *cura de Hío*, el Tribunal Constitucional español,[3] que en resolvió un recurso de amparo interpuesto por el el cura de Hío en el que demandaba al diario *El País*. En 1984, el rotativo había publicado una noticia según la cual el cura de dicha parroquia lideraba, garrote en mano, una manifestación de vecinos contra algunos ciudadanos que practicaban el nudismo en determinadas playas gallegas. A pesar de la diligencia del redactor de la noticia en la

---

2 *BverfGE* vol. 86,1.

3 STC 20/1992, de 14 de febrero.

comprobación de los datos, resultó que el cura de Hío no estaba involucrado en dicha circunstancia. ¿Cómo resolver el conflicto entre las razones constitucionales que favorecen la libertad de información y aquellas que favorecen el derecho al honor? El Tribunal Constitucional español se inclinó, esta vez, por la libertad de información y desestimó el recurso esgrimiendo el argumento según el cual los informadores están justificados no solo con la verdad de las noticias que publican, sino también con su veracidad, exigencia para cuyo cumplimento basta que la noticia, si es falsa, esté diligentemente contrastada.

Veamos, en tercer lugar, el caso del *niño Marcos*: el día 3 de septiembre de 1994 Marcos A.V., un niño de 13 años que vivía en Ballobar (Huesca) con sus padres tuvo una caída con su bicicleta a la que no dieron mayor importancia. Pocos días después, el 8 de septiembre, tras haber sangrado por la nariz en varias ocasiones, fue llevado por su madre al médico que aconsejó su ingreso en el Hospital Arnau de Vilanova de Lleida. Después de realizar las pruebas pertinentes y ante el alto riesgo de que el niño sufriera fuertes hemorragias, los médicos del centro hospitalario citado prescribieron una transfusión de sangre. En ese momento, los padres del menor manifestaron educadamente que su religión —eran testigos de Jehová— les prohibía el uso de transfusiones y preguntaron si había algún tratamiento alternativo. Los médicos afirmaron que ellos no conocían ninguno, se negaron a conceder el alta voluntaria que los padres solicitaban, y se dirigieron al Juzgado de Guardia para que autorizara la transfusión. A pesar de no compartían dicha decisión, los padres la acataron y no hicieron nada para impedir la transfusión, que fue autorizada por el Juzgado. Marcos, que profesaba la misma religión que sus padres, rechazó vehementemente la intervención y reaccionó con gran excitación y violencia, actitud que los médicos estimaron muy peligrosa, dado que podía precipitar una hemorragia cerebral. Fracasados sus intentos de convencer al menor, el personal sanitario del Hospital solicitó a los padres que trataran de convencer a Marcos, a lo que los padres se negaron arguyendo que ellos, como Marcos, pensaban que Dios no autorizaba las transfusiones de sangre ni siquiera en los casos de peligro para la vida. Desestimado el uso de algún procedimiento anestésico por razones médicas, al final el Hospital accedió a dar al niño el alta voluntaria para que los padres buscaran algún tratamiento alternativo en otro lugar. Regresaron a su domicilio y tres días después lo trasladaron a varios hospitales de Barcelona, donde los médicos reiteraron que la transfusión era necesaria, pero, dada la expresa oposición de Marcos y sus padres, ninguno de dichos hospitales tomó la decisión de intentar llevarla a cabo. Regresaron a su domicilio, en el cual el menor contó solamente con la asistencia del médico titular de Ballobar, hasta que, a la vista de que el menor empeoraba progresivamente por anemia aguda posthemorrágica, el día 14 de septiembre el Juzgado de Instrucción de Fraga (Huesca) dictó un Auto en el que autorizaba la entrada en el domicilio del menor con el fin de que le fueran realizados los tratamientos médicos que precisaba, es decir, una transfusión de sangre. Marcos fue trasladado en ambulancia primero al Hospital de Barbastro y después al Hospital Miguel Servet de Zaragoza al que llegó con signos clínicos de descerebración por hemorragia cerebral. Marcos falleció el día 15 de septiembre en el Hospital Miguel Servet.

Los padres de Marcos fueron acusados del delito de homicidio, del que fueron absueltos por sentencia de la Audiencia Provincial de Huesca de 20 de noviembre de 1996. El Tribunal Supremo casó y anuló dicha sentencia y les condenó, por sentencia de 27 de junio de 1997, por el delito de homicidio con la circunstancia atenuante, muy cualificada, de obcecación o estado pasional, a la pena de dos años y seis meses de prisión y al pago de las costas correspondientes.

Los condenados interpusieron recurso de amparo contra dicha sentencia condenatoria ante el Tribunal Constitucional que, en STC 154/2002, de 18 de julio, estimó el recurso —y, por tanto, concedió el amparo—, declaró vulnerado el derecho fundamental a la libertad religiosa y, en consecuencia, anuló la decisión del Tribunal Supremo.

A diferencia de los dos primeros supuestos, en el caso del *niño Marcos* se produce una colisión entre el derecho a la vida y el derecho a la libertad religiosa.

Haré referencia, por último, el caso *Lombardi Vallauri.* Un catedrático italiano de Filosofía del Derecho en la Universidad de Florencia, el profesor Lugi Lombardi Vallauri, había estado enseñando también esta materia en la Facultad de Derecho de la Universidad católica del *Sacro Cuore* en Milán desde 1976 con contratos renovados anualmente de manera interrumpida. Cuando debía tener lugar la renovación para el año académico, Lombardi Vallauri cursó de nuevo su solicitud. La Congregación para la Educación Católica, una institución de la Santa Sede, envió una carta al rector de la Universidad en la que le informaba que algunas ideas del profesor Lomardi Vallauri estaban «en clara oposición con la doctrina católica», y que «en interés de la verdad, del bienestar de los estudiantes y de la Universidad» la solicitud debía ser rechazada. En octubre de 1998, pocos días después, el rector de la Universidad comunicó al decano de la Facultad de Derecho la posición de la Congregación. A comienzos de noviembre, la Junta de la Facultad, con arreglo a la posición del Vaticano, decidió ignorar la solicitud del profesor, dado que no cumplía una de las condiciones para que fuera tomada en consideración —a saber, la aprobación de la Congregación para la Educación católica—.

Parece que algunas de las opiniones del solicitante sobre algunos dogmas de la Iglesia católica fueron consideradas heréticas, particularmente su afirmación de que el infierno representaba una forma de trato cruel, inhumano o degradante, y que ello era inaceptable para los estándares jurídicos de los países civilizados (prohibidos por el art. 5 de la Declaración Universal de los Derechos Humanos).[4] Sin embargo, las autoridades de la Universidad nunca comunicaron dichas razones al profesor. Sus posteriores demandas ante el Tribunal administrativo regional (2001) y al Consejo de Estado (2005) fueron desestimadas. El principal argumento fue que el Concordato entre la Santa Sede y la República de Italia requería la previa aprobación de la Santa Sede en los nombramientos de docentes de las universidades católicas y, más aún, que una decisión relevante del Tribunal Constitucional italiano había establecido que dicho mecanismo de autorización previa era compatible con la Constitución italiana, que garantiza tanto la libertad de enseñanza cuanto la libertad religiosa.[5]

El profesor Lombardi Vallauri apeló ante el Tribunal Europeo de Derechos Humanos. En 2009, el TEDH resolvió que la interferencia en la libertad de expresión y con la libertad de cátedra no estaban justificadas en este caso. La carencia de justificación surgía de la omisión de explicación del modo en que las opiniones del demandante, presumiblemente contrarias a

---

4 Véase, por ejemplo, la entrevista en *La Reppublica*, 7 de noviembre de 1998 (Giovanni Maria Pace, «Intervista a un eretico», en la que el profesor declaró: «Como filósofo del derecho, observo que el pecado original es contrario al principio de la responsabilidad personal, que es un principio cardinal del Derecho; y que una pena eterna es, por una parte, desproporcionada a cualquier delito que se pueda haber cometido y, por otra, inadecuada a la reeducación del condenado, dos cara características que la convierten en jurídicamente inadmisible». Más tarde, el profesor Lombardi Vallauri publicó estas opiniones en Lombardi Vallauri (2001). Es un caso que analicé desde la perspectiva especificacionista en Moreso (2017).

5 En el Caso *Cordero*: Sentenza della Corte Costituzionale italiana, 195/1972.

la doctrina católica, habían afectado los intereses de la universidad. Por dicha razón, la Junta de la Facultad no había ofrecido las razones adecuadas para ignorar su solicitud de renovación después de doce años de renovaciones ininterrumpidas.[6]

Aquí tenemos un caso de conflicto entre la libertad de expresión de un profesor —que en el supuesto incluye la libertad de cátedra— y la protección de las convicciones religiosas de una institución confesional que forma parte de la libertad religiosa.

2. EL DESAFÍO PARTICULARISTA AL ENFOQUE SUBSUNTIVO

La variedad de nuestro paisaje moral hace comprensible el desafío que las concepciones particularistas plantean al enfoque subsuntivo.[7] Según dichas concepciones, el hecho de que una propiedad de una situación determinada sea relevante en relación con su corrección no presupone que lo sea en cualquier otra circunstancia. Digámoslo con un ejemplo de cuño kantiano: el hecho de que una persona posea una información verdadera es una razón para que la revele cuando se le pide.[8] Ahora bien, si lo que se solicita a alguien que

---

6 TEDH, *Affaire Lombardi Vallauri c. Italie* (Requête n. 39128/05), Strasbourg 20 Octobre 2009.

7 En la filosofía contemporánea representadas por, por ejemplo, Dancy (1993, 2004), McNaughton (1988) y McDowell (1998).

8 En virtud, digamos, del principio moral que nos obliga a no mentir. Kant pensaba que tal principio es un principio categórico, absoluto y por ello escribió (1989: 292): 'La mentira (en el sentido ético de la palabra), como falsedad deliberada, no precisa *perjudicar* a otros para que se la considere reprobable (...) Su causa pude ser la ligereza o la bondad, incluso puede perseguirse con ella un fin realmente bueno, pero el modo de perseguirlo es, por la mera forma, un delito del hombre contra su propia persona y una bajeza que tiene que hacerle despreciable a sus propios ojos'.

está en posesión de la información es el escondite de una persona inocente a la que quieren asesinar, entonces el hecho de poseer dicha información no debe conducir a revelarla, porque, por así decirlo, *vence* el principio que obliga a proteger a las personas inocentes en la medida en que esté en nuestra mano. Pensemos en un buen profesor universitario prusiano de la Segunda Guerra Mundial que, sabedor porque él mismo se lo proporcionó, del escondite de una mujer de origen judío que había sido una de sus alumnas, revela el lugar al responder a una pregunta de un oficial de las SS. Tal vez por esta razón, Ross sostuvo que los deberes morales no son absolutos, sino *prima facie.* Ahora bien, una vez hacemos esta concesión, ¿dónde podemos detenernos? Regresemos a nuestro ejemplo referido, el cumplimiento de las promesas. Supongamos que, ante la promesa de asesinar a alguien, se replica reformulando la norma moral propuesta de tal manera que no incluya estos supuestos: por ejemplo, «Deben cumplirse las promesas que no conllevan la realización de comportamientos inmorales». Ahora, el particularista o defensor del enfoque subsuntivo vuelve a la carga: ¿qué ocurre si la promesa ha sido obtenida bajo la amenaza de secuestrar a la hija del que ha prometido? Y el universalista replica con una nueva formulación: «Deben cumplirse las promesas que no hayan sido otorgadas bajo amenaza ni conlleven la realización de actos inmorales». El particularista todavía puede desafiar al universalista diciendo que, si arrancamos de un torturador bajo amenaza la promesa de dejar de torturar, entonces debe dejar de torturar, y el universalista puede añadir el adjetivo «injustas» al sustantivo «amenazas». Y así sucesivamente. Los que cuestionan el enfoque subsuntivo de la moralidad afirman que no hay modo plausible de poner fin a este *sucesivamente.* Sostienen que los contextos se comportan de modos muy diversos y que, por lo tanto, no hay manera de atrapar un principio moral válido en todos los contextos de manera invariable.

Esta conclusión genera cierta desazón cuando se traslada a la teoría del Derecho, puesto que conllevaría el corolario de que en la aplicación de las pautas que establecen los derechos básicos la solución dependería siempre del contexto, dejando a los destinatarios de las normas al arbitrio de los aplicadores.[9]

3. INTERLUDIO: UN AMPLIO ESPECTRO DE OPCIONES INTERMEDIAS

En realidad, tanto el enfoque subsuntivo como el enfoque particularista constituyen dos extremos que iluminan algunos aspectos de la cuestión a costa de distorsionar de manera excesiva otros aspectos. Entre estos extremos, cabe un espectro de posiciones intermedias.[10]

En palabras de Russ Shafer-Landau:

> Cuando nuestros derechos parecen entrar en conflicto con otras consideraciones morales, incluyendo otros derechos morales, podemos resolver la tensión reduciendo el alcance del derecho o bien reduciendo su fuerza.[11]

Reducir la fuerza de los principios comporta considerar que los principios cubren propiamente aquellos casos en los

---

9 Estas parecen ser las razones que conducen a algunos autores a rechazar la tesis de los conflictos entre los derechos y a defender alguna versión del enfoque universalista y subsuntivo. Véanse, por ejemplo, Habermas, Jürgen, *Facticidad y validez. Sobre el Derecho y el estado democrático de derecho en términos de teoría del discurso*, trad. M. Jiménez Redondo, Madrid: Trotta, 1992, cap. 6; y Ferrajoli Ferrajoli, Luigi, *Los fundamentos de los derechos fundamentales*, Madrid: Trotta, 2001, pp. 353-354.

10 En: Dancy, *Ethics without Principles*, Oxford: Oxford University Press, 2004, pp. 3-12, se halla la misma idea como «rango de opciones» y la presentación de algunas de ellas.

11 Shafer-Landau, Russ, «Specifying Absolute Rights», *Arizona Law Review*, 37, 1195, pp. 209-225.

que varios de ellos pueden entrar en conflicto, pero en dichos supuestos uno de los principios resulta vencedor, conserva su fuerza, mientras que el otro —el vencido— pierde su aplicabilidad en el caso concreto. Me referiré aquí a uno de los enfoques posibles de esta concepción, el enfoque *proporcionalista,* tal como ha sido presentado por Robert Alexy, cuyas ideas sobre la denominada *ponderación* han sido y son la posición más articulada y sugerente de la que disponemos en la teoría constitucional del presente.[12]

Reducir el alcance de los principios conservando su fuerza supone considerar la formulación de los principios como incompleta y *expandirla*[13] de modo que, conservando su alcance, los principios debidamente reformulados no entren ya en conflicto. Se trata de la posición que trataré de defender en este trabajo y que podemos denominar enfoque *especificacionista.*[14]

---

12 Alexy (1986, 2002, 2003a y 2003b).— Alexy, Robert, «Epílogo a la *Teoría de los derechos fundamentales*», trad. de C. Bernal, *Revista española de Derecho Constitucional,* 22, 66, 2002, pp. 13-64; «Constitutional Rights, Balancing, and Rationality», *Ratio Iuris,* 16, 2003, pp. 131-140; «On Balancing and Subsumption. A Structural Comparison», *Ratio Iuris,* 16, 2003, pp. 433-449.

13 Dancy, llama a esta posición «expansionismo», *op. cit., p. 11.*

14 Y que se inspira en algunas ideas de Hare Hare, R.M, *The Language of Morals,* Oxford: Oxford University Press, 1952, pp. 48-55 y 60-65. Hurley, Susan, *Natural Reasons,* Oxford: Oxford University Press, 1989, «Coherence, Hypothetical Cases, and Precedent», *Oxford Journal of Legal Studies,* 10, 1190, pp. 221-255, 1989. Richardson, H.S., «Specifying Norms as a Way to Resolve Concrete Ethical Problems», *Philosophy and Public Affairs,* 19, 1990, pp. 279-310. Bayón, Juan Carlos, «¿Por qué es derrotable el razonamiento jurídico?», *Doxa,* 24, (2001): pp. 35-62. Atienza, Manuel y Ruiz Manero, Juan, *Las piezas del Derecho,* Barcelona. Ariel 2002. Scanlon, Thomas, «Intention and Permissibility», *Proceedings of the Aristotelian Society,* 74, 2000, pp. 301-317. Con atención especial al particularismo y al modo en que una posición como esta puede preservar un espacio conceptual para los principios generales, véanse Sinnot-Armstrong, Walter, «Some Va-

4. EL ENFOQUE PROPORCIONALISTA

Veamos, en primer lugar, la concepción proporcionalista tal como la concibe Robert Alexy. Para esta concepción, las colisiones entre normas son un síntoma de que, o bien alguna de las normas es inválida, o bien de que una puede considerarse una excepción de la otra, mientras que las colisiones entre principios deben ser resueltas de modo distinto. Cuando dos principios entran en conflicto —por ejemplo, porque el primero establece que una conducta determinada está prohibida y el segundo que está permitida—, uno de los dos ha de ceder frente al otro. Pero esto no significa que uno de los dos principios —el derrotado— sea inválido ni haya que introducir alguna excepción en el principio desplazado. Lo que sucede es que, en determinadas circunstancias, un principio *precede* al otro. Por esta razón, se afirma que, en los casos concretos, los principios tienen diferente *peso* y el conflicto ha de resolverse según la dimensión de peso y no según la dimensión de validez.

La dimensión de peso, entonces, configura el núcleo de la *ponderación.* Dicha operación forma parte de lo que es requerido por un principio más comprensivo: el principio de proporcionalidad. Este principio comprende tres subprincipios: a) el principio de adecuación, según el cual el sacrificio impuesto en el ejercicio de un derecho debe ser adecuado para preservar otro derecho o un bien constitucionalmente protegido, b) el principio de necesidad, esto es, que el sacrificio impuesto sea necesario —que no exista otro menos lesivo para preservar otro derecho o un bien

---

rieties of Particularism», *Metaphilosophy*, 30, 1999, 1-12. y, Väyrynen, Pekka, «Moral Generalism: Enjoy in Moderation», *Ethics*, 116, 2006, pp. 707-741.

constitucionalmente protegido,[15] y c) el principio de proporcionalidad en sentido estricto, en el que la ponderación propiamente dicha ocupa su lugar; de acuerdo con este subprincipio, debe afectarse el ejercicio del derecho en el menor grado posible compatible con la mayor satisfacción en el ejercicio del otro derecho.

Según Alexy, la ponderación puede ser dividida en tres etapas. La primera etapa comporta el establecimiento del grado de no satisfacción del primer principio. La segunda consiste en establecer el grado de satisfacción del principio en pugna con el primero. Finalmente, en la tercera etapa se evalúa si la importancia de la satisfacción del segundo principio justifica la falta de satisfacción del primero. Podemos dividir el grado de afección a un derecho determinado en tres rangos: leve, medio y grave. Como es obvio, estos grados de afección son relativos al contexto establecido por el caso concreto. De ello resulta lo siguiente: las vulneraciones leves de un derecho fundamental ceden ante la protección media y grave de otro derecho fundamental, y las medias ceden ante las graves. Quedan tres casos de empate, en los que —si entiendo bien la propuesta de Alexy— el legislador goza de discrecionalidad para afectar uno u otro derecho, lo que equivale a decir que, en los casos de empate, las restricciones legislativas al ejercicio de un derecho fundamental están justificadas.

Entonces, en la fórmula más simple, el peso *concreto* de un principio *Pi* que colisiona con otro principio *Pj*, es decir,

---

15 Estas dos operaciones deben ser comprendidas como distintas en un sentido solo heurístico y no conceptual. Quiero decir que, conceptualmente, si un medio *A* es necesario para obtener *B*, también es adecuado. Ahora bien, según creo, hay que interpretar a Alexy en el siguiente sentido: en primer lugar, averiguamos si *A* se encuentra entre los medios adecuados para obtener *B* y, en segundo lugar, vemos si no existen medios menos lesivos que *A* para alcanzar *B*.

Wi,j, es el cociente que resulta de dividir la intensidad de la interferencia en el primer principio (*Ii*) por la intensidad de la hipotética interferencia sobre el segundo principio bajo el supuesto de que se omitiera la interferencia con el primero (*Ij*). Esta es, entonces, la fórmula:

$$Wi,j = Ii / Ij$$

En los casos en los que el valor es mayor que 1, el principio *Pi* precede a *Pj*, y en los casos en que es menor que 1, *Pj* precede a *Pi*. El empate tiene lugar cuando la división es igual a 1. Los valores numéricos pueden asignarse suponiendo que las interferencias leves equivalen a 2^0, las moderadas a 2^1 y las graves a 2^2.

Insisto en que se trata del peso concreto, es decir, de la precedencia de un principio sobre otro para un caso individual. Como afirma Alexy «Las interferencias son siempre interferencias concretas». Es posible añadir a la fórmula lo que Alexy denomina el peso abstracto de los principios, es decir, la importancia en abstracto de un principio sobre otro, al margen de las circunstancias del caso concreto. Esto da como resultado la fórmula siguiente:[16]

$$Wi,j = Ii.\ Wi / Ij.\ \mathrm{Wj}$$

Según Alexy, esta reconstrucción de la ponderación hace de ella una actividad controlable racionalmente. La subsunción es un esquema que trabaja con arreglo a las reglas de la lógica, mientras que la ponderación trabaja de acuerdo con las reglas de la aritmética.

---

16 Alexy, Robert, «On Balancing and Subsumption. A Structural Comparison», *Ratio Iuris*, 16, 2003, pp. 440-448. En realidad, Alexy añade otra complicación en la fórmula, de la que aquí prescindiré, relativa a la confiabilidad de las asunciones empíricas concernientes a las diversas interferencias en juego.

Veamos, a continuación, cuatro posibles objeciones al enfoque alexiano. La primera duda que me plantea es la siguiente: dado que los pesos abstractos de los principios son independientes de cualquier circunstancia concreta, deberíamos tener a nuestra disposición una asignación de peso abstracto para cada principio que establece un derecho constitucional, deberíamos tener una *escala de ordenación abstracta* de los derechos. No conozco ninguna escala de este tipo que pueda ser aceptada razonablemente. En mi opinión, no es claro qué es lo que debería medir la supuesta escala abstracta de ordenación de los derechos constitucionales: ¿debería medir estados de cosas en los que un derecho es máximamente optimizado y el otro no lo es en absoluto?

El segundo punto al que quiero referirme guarda relación con la distinción de Alexy entre interferencias leves, moderadas y graves en los principios constitucionales. Aquí estamos frente a una escala, pero ¿de qué depende la asignación de estos tres conceptos en un caso concreto? Solo podemos construir escalas ordinales o cardinales cuando estamos en presencia de una propiedad claramente definida, como sucede con el test del rayado para la escala de los minerales: un mineral es más duro que otro si y solo si el primero puede rayar al segundo y el segundo no puede rayar al primero. La dureza de los minerales nos permite, de este modo, construir una escala ordinal. No veo cómo podemos hacer lo mismo con la interferencia en los derechos constitucionales, dado que no estamos en posesión de nada semejante al test del rayado, y ni siquiera somos capaces de delimitar con claridad de qué propiedad estamos hablando frente a la cual la interferencia pueda ser calificada como leve, moderada o grave. Y como hay varias propiedades que son candidatas plausibles a representar ese papel, podemos generar varias escalas distintas entre sí.

La tercera duda que quisiera plantear está relacionada con la insistencia de Alexy en que la operación de ponderación se refiere siempre a un caso individual. Esta idea conlleva una concepción que ha sido denominada una concepción *ad hoc* de la ponderación. Mientras la ponderación en abstracto es una ponderación definicional —es decir, una asignación de peso independiente de las circunstancias—, pero inconcluyente, puesto que de la fórmula de Alexy se deriva que un principio con mayor peso en abstracto puede ser derrotado en concreto por otro con menor peso en abstracto, la ponderación en concreto es siempre *ad hoc* y ello conlleva que «una sola característica peculiar puede justificar una solución diversa de aquella que se ha atribuido a un caso anterior».[17] De este modo, se veda uno de los modos de control racional de las decisiones judiciales: aquel que está basado en la articulación de dicho tipo de decisiones. Es más, se sustituye un modelo generalista de toma de decisiones por otro de carácter particularista en el que una sola propiedad diferente —y, como ha de resultar obvio, si dos casos individuales son diferentes, entonces tienen al menos una propiedad diferente— puede comportar una solución diversa para el caso.

La cuarta objeción que quiero traer a colación es la siguiente: me parece que hay una cierta tensión entre *la ley de la ponderación*, tal como ha sido presentada en la fórmula del peso, y lo que Alexy llamó *la ley de colisión* «de un enunciado de preferencia sobre una relación de preferencia condicio-

---

[17] *Cfr.* Bernal Pulido, Carlos, *El principio de proporcionalidad y los derechos fundamentales*, Madrid: Centro de Estudios Políticos y Constitucionales, 2003: pp. 188-189; en la mejor presentación y desarrollo de las ideas de Alexy en castellano. Para la distinción entre ponderación definicional y ponderación *ad hoc* véase, por ejemplo, Aleinikoff, Aleinikoff, T. Alexander «Constitutional Law in the Age of Balancing», *Yale Law Journal*, 96, 1987, pp. 948.

nada se sigue una regla que prescribe la consecuencia jurídica del principio que tiene preferencia cuando se dan las condiciones de preferencia».[18]

Esta ley, la *ley de la colisión,* no está presente ni en el «Postscript» de Alexy a su *Teoría de los derechos fundamentales* (2002), ni en las posteriores publicaciones de esos años (2003, y 2005), aunque recientemente Alexy ha vuelto a hacer uso de dicha ley en dos contribuciones («*Proportionality, Constitutional law, and Sub-Constitutional Law: A Reply to Aharon Barak*» y, «*Dos objeciones de Luigi Ferrajoli a la teoría principialista de los derechos fundamentales*») en las que replica a Barak y a Ferrajoli. Concretamente, la cuestión que quiero analizar es cómo pueden ser compatibles dos tesis diferentes y cruciales en la concepción alexiana. Por un lado, la *tesis de las reglas constitucionales derivadas o adscriptas*:

> De una relación de preferencia entre principios en colisión, se deriva una regla *adscripta* (*Zugeordnete* en alemán) en la que el caso concreto puede ser subsumido.

Conforme a esta regla, parece que la ponderación acaba en una subsunción. Por otro lado, sin embargo, según la *tesis del carácter distintivo de la ponderación* parece que:

> La subsunción y la ponderación son dos operaciones distintas, la primera relacionada con las reglas de la lógica, la segunda con las reglas de la aritmética.[19]

En su réplica a Barak, Alexy reitera la idea de que la ponderación acaba con una regla derivada bajo la que el caso en cuestión puede subsumirse (como sostuvo Alexy en

---

18 Alexy, Robert, *Teoría de los derechos fundamentales*, trad. de E. Garzón Valdés, (Madrid: Centro de Estudios Constitucionales), 1993, pp. 94-95.

19 *Ibídem*, p. 448.

«Epílogo a la *Teoría de los derechos fundamentales*»). Alexy dice ahora:

> La idea de las normas adscriptas de Derecho constitucional está íntimamente vinculada con la primera ley básica de la teoría de los principios, la ley de colisión.[20]

Para esta ley, dos conceptos son constitutivos. El primero es la relación de precedencia. Esta relación es simbolizada como 'P'. El segundo es la condición de la precedencia. Es simbolizada por 'C'. El resultado de cada aplicación de la fórmula del peso puede expresarse con este fundamento. La forma estándar es:

(Pi P Pj)C

Esta fórmula expresa una relación condicional de precedencia. Debe ser leída como sigue:

> El principio Pi precede al principio *Pj* en la condición C. El punto decisivo es que esta relación condicional de precedencia implica una regla.

Precisamente, eso es lo que expresa la ley de colisión, que dice así:

> Si el principio Pi precede al principio Pj en las circunstancias C:
>
> (Pi P Pj) C, y si *Pi* da lugar a las consecuencias jurídicas Q en las circunstancias C, entonces una regla válida es aplicable, que tiene a C como prótasis y a Q como apódosis: C → Q.

Y, con arreglo a estas ideas, concluye:

> Esta es una regla muy específica que es justificada por el Tribunal Constitucional fundado en los derechos constitu-

---

20 Alexy, Robert, «Proportionality, Constitutional law, and Sub-Constitutional Law: A Reply to Aharon Barak», *International Journal of Constitutional Law*, 16, 2018, pp. 875-876.

> cionales Pi y Pj en conflicto conforme a las dos leyes de la teoría de los principios, la ley de la ponderación, como explicada por la fórmula del peso, y la ley de la colisión. Una regla de este modo justificada es, si la justificación es correcta, una norma adscripta de derechos constitucionales.[21]

Parece, de este modo, que la ponderación es un mecanismo que nos permite la obtención de una regla derivada o adscripta. Obtenida dicha regla, podemos subsumir el caso en cuestión en ella.

> Sin embargo, ¿cómo deben ser comprendidas las circunstancias C, la apódosis de la regla que surge de la previa ponderación? Como sabemos, Alexy insiste en el peso concreto dado por las circunstancias particulares de la situación a examen. Ahora bien, si esto es así, las circunstancias C son el conjunto de todas las propiedades instanciadas por el caso particular, y la regla adscripta solo es apta para resolver este caso, por así decirlo. Esto es, no es posible capturar un subconjunto de *propiedades relevantes*, de modo que la regla adscripta pueda ser convertida en una regla *general*. Tal vez por esta razón, la ponderación es una operación distinta de la subsunción. Subsumir presupone *la generalidad*, supone que podemos identificar ciertas propiedades relevantes que, conjuntivamente, pueden resolver el caso. Ponderar, en cambio, parece de nuevo una operación *particularista*, una operación *ad hoc*.
>
> Hay, por tanto, una tensión entre las leyes alexianas de la ponderación y la colisión. Como veremos, de acuerdo con la ley de la colisión la posición de Alexy no es muy diferente de la estrategia especificacionista que aquí se vindica, dado que la ponderación es únicamente una etapa previa a la subsunción; de acuerdo con la ley de la ponderación, hay

---

21 *Ibídem.*

un mayor margen para la discrepancia, puesto que la ponderación no deja espacio para la subsunción.[22]

En mi opinión, estos cuatro problemas pueden socavar gravemente el modelo proporcionalista de Alexy, dado que no permite prever lo que los órganos de aplicación del derecho decidirán en los casos de conflictos entre principios constitucionales que establecen derechos fundamentales, y menos aún someter a crítica racional y articulada sus decisiones.

A menudo se añade a esta crítica la idea según la cual el juicio que subyace a la asignación de peso a los diversos principios es un juicio totalmente subjetivo y, como tal, no controlable racionalmente.[23] Baste decir aquí, aunque no puedo argumentarlo, que no considero que la evaluación

---

22 He desarrollado esta idea en Moreso (2017).

23 Por ejemplo, Guastini +; Hernández Marín y García Amado. Lo que parece incomodar especialmente a García Amado es el aumento del poder de control jurisdiccional de los tribunales constitucionales frente a los tribunales ordinarios, a su —como dice— «tácito cometido como superapelación». Aunque este punto exigiría un tratamiento más detallado, baste decir aquí que, si los derechos constitucionales han de ser efectivos, alguien deberá velar por ellos y, me temo, que, durante estos treinta años de democracia constitucional en España, si no lo hubiese hecho el Tribunal Constitucional, algunos de nuestros derechos habrían quedado desprotegidos. Más extraña me parece la posición de Hernández Marín, a la que tampoco puedo prestar la atención que merece, puesto que sostiene que —sea o no subjetivo el juicio de ponderación— el juez cumple con el derecho aplicando cualquiera de los dos principios en pugna. Tal vez habría que revisar la noción de aplicación y de cumplimiento del derecho que permite esta extraña conclusión, a saber, que el juez del caso *Titanic*, por ejemplo, cumple juzgando que debe rechazarse la demanda del militar porque las publicaciones están protegidas por la disposición constitucional que protege la libertad de expresión y cumple también admitiendo la demanda porque se ha vulnerado la disposición constitucional que protege el derecho al honor.

de la aplicabilidad de los principios sea una tarea plenamente subjetiva y que, en este sentido, comparto el propósito de Alexy de buscar un mecanismo de control *racional* de esta tarea.

5. EL ENFOQUE ESPECIFICACIONISTA

Merece la pena, entonces, explorar el enfoque especificacionista, consistente en reducir el alcance de los principios, pero conservando su fuerza. Uno de los puntos centrales en los que insisten los particularistas es que las razones —morales, jurídicas— no se comportan de modo atomista, sino holista; pues bien, de modo similar al que ha sugerido Väyrynen, la estrategia que voy a presentar trata de *secuestrar* al holismo y acomodarlo en un marco generalista.[24]

Lo haré valiéndome del caso *Titanic* tantas veces propuesto por Alexy.[25] En este caso, se ponen de manifiesto los problemas que he señalado, creo, en la concepción de Alexy. En primer lugar, ¿cuál de los principios, la libertad de expresión y el derecho al honor, tiene mayor peso en abstracto? Nada nos dice al respecto Alexy y, de ello, tal vez haya que concluir que Alexy considera que tienen el mismo peso. Sin embargo, solo una teoría plenamente articulada de los derechos nos permitiría alcanzar dicha conclusión y una teoría de este tipo está aún por construir. En segundo lugar, ¿por qué denominar al oficial «asesino nato» es una interferencia moderada o leve —y, es más, debería especificarse si es moderada o si es leve—, mientras tildarle de «tullido» es gravísima —que, por cierto, no es una categoría presente en la clasificación

24 La he desarrollado previamente en Moreso (2002 y 2004).

25 En Moreso (2002) utilicé el caso del *cura de Hío*, en Moreso (2004) el caso del *niño Marcos*, y en Moreso (2017b) el caso Lombardi Vallauri.

de Alexy— ? ¿Y por qué imponer una indemnización no muy alta a los editores de la revista —como en este caso— constituye una interferencia grave en la libertad de expresión? Alguien podría argüir, con muy buenas razones, que este tipo de expresiones puede ser evitado sin merma significativa de la libertad de expresión ni de la libertad de información. En tercer lugar, esta sentencia también muestra claramente la dificultad de establecer criterios generales con este método: en el caso de la expresión «asesino nato», la libertad de expresión precede al derecho al honor, y en el caso del calificativo «tullido» ocurre lo contrario. ¿Qué sucederá, entonces, en otro supuesto de expresión denigratoria en el futuro?, ¿puede alguien decirlo con seguridad?

Por las razones expuestas, creo que es mejor pensar en un modo de configurar la ponderación que la considere un paso previo a la subsunción. Una vía según la cual la ponderación sea la operación que permita pasar de las normas que establecen derechos fundamentales, que tienen la estructura de principios —pautas con las condiciones de aplicación abiertas—,[26] a reglas —pautas con las condiciones de aplicación clausuradas— con las cuales es posible llevar a cabo la subsunción en el ámbito de un problema normativo determinado. Intentaré mostrar cuáles son las etapas de una operación de este tipo tomando como supuesto el caso *Titanic.*

La primera etapa consiste en la delimitación del problema normativo, es decir, de lo que Alchourrón y Bulygin han llamado el *universo del discurso.*[27] Delimitar claramente el ámbito del problema normativo que nos ocupa permite, principalmente, hacer el problema manejable: ya no nos re-

---

[26] Para esta noción de principios, véase Atienza y Ruiz Manero op. cit.: cap. 1.

[27] Alchourrón, Carlos E. y Bulygin, Eugenio, *Normative Systems,* New York-Wien: Springer, 1971, cap. I.

ferimos al conjunto de todas las acciones humanas posibles, sino solo a un conjunto mucho más reducido de acciones humanas. En el caso *Titanic*, el universo del discurso podría ser el siguiente: acciones de información en los medios de comunicación sobre asuntos que afectan a las personas.

La segunda etapa consiste en la identificación de las pautas *prima facie* aplicables a este ámbito de acciones. Aquí, obviamente, son aplicables el principio que establece la libertad de expresión e información y el principio que protege el derecho al honor de las personas.

La tercera etapa consiste en la consideración de determinados casos paradigmáticos, reales o hipotéticos, del ámbito normativo previamente seleccionado en la primera etapa. Los casos paradigmáticos tienen la función de constreñir el ámbito de las reconstrucciones admisibles: solo son admisibles aquellas reconstrucciones que reconstruyen los casos paradigmáticos adecuadamente.[28] Los casos paradigmáticos constituyen el trasfondo, a menudo inarticulado, en el que el razonamiento práctico tiene lugar. A título ilustrativo, en el problema normativo delimitado en la primera, podríamos considerar como paradigmáticos casos como los siguientes: a) publicar la noticia falsa, sin comprobación alguna de su veracidad, de que el arzobispo de Barcelona está implicado en una trama de prostitución infantil es un ejemplo de un supuesto en el cual la libertad de información cede ante el derecho al honor; y b) publicar la noticia verdadera de que, por ejemplo, un ministro del gobierno ha cobrado diez mi-

28 Véase, para esta función de los casos paradigmáticos en el ámbito del razonamiento jurídico, Dworkin, Ronald, *Law's Empire*, Cambridge (Mass.): Harvard University Press, 1986, pp. 255-257; Hurley, Susan, *Natural Reasons*, Oxford: Oxford University Press, 1989, p. 212; y Endicott, Timothy «Herbert Hart and the Semantic Sting», *Legal Theory*, 4, 1998.

llones de euros de cierta empresa a cambio de la concesión para construir una autopista es un supuesto en el que la libertad de información desplaza al derecho al honor.

En la cuarta etapa se establecen las propiedades *relevantes* de ese universo del discurso. El establecimiento de las propiedades relevantes ha de hacer posible la determinación de las soluciones normativas. En nuestro supuesto, son claramente relevantes las siguientes propiedades: la relevancia pública de la noticia, es decir, que la noticia sea veraz —tal como ello es entendido por muchos altos Tribunales, que sea verdadera o, si falsa, diligentemente contrastada—,[29] y que la noticia no sea injuriosa.

La quinta y última etapa consiste en la formulación de las reglas que resuelven de modo unívoco todos los casos del universo del discurso. Una regla, me parece que indiscutida, sería la siguiente:

> R1: Las informaciones de relevancia pública, veraces y no injuriosas, están permitidas.

También indiscutida, creo, tendríamos una segunda regla:

> R2: Las informaciones que no son de relevancia pública o carecen de veracidad o son injuriosas están prohibidas, generan un derecho a ser indemnizado en el caso que se produzcan.

---

[29] Se trata de la doctrina del Tribunal Supremo de los Estados Unidos en *New York Times vs. Sullivan* 376 US 254 (1964), en donde se aplica el denominado *malice test*: '*knowledge of falsehood or reckless disregard for falsity*, asumida por muchos tribunales constitucionales europeos. Para el caso de España —que en el art. 20.1 d del propio texto constitucional reconoce explicítamente el derecho a «comunicar o recibir libremente información veraz [...]»— pueden verse, por ejemplo, las siguientes sentencias del Tribunal Constitucional español: STC 6/1988, de 21 de enero, STC 40/1992, de 30 de marzo y STC 240/1992, de 21 de diciembre.

Es obvio que las tres últimas etapas están íntimamente relacionadas entre sí. El establecimiento de las reglas debe ser controlado de acuerdo con su capacidad de reconstruir los casos paradigmáticos. La selección de las propiedades relevantes debe refinarse en la medida en que este objetivo no sea alcanzado y, a partir de una nueva selección, debe procederse a la formulación del conjunto de reglas que disciplinan el problema normativo.

Estas cinco etapas constituyen *un modo* de concebir la ponderación que lo hace compatible con la subsunción y con una limitada generalidad. Las reglas surgidas de una reconstrucción como la propuesta se aplican de modo subsuntivo y permiten articular y otorgar coherencia a la función judicial, aunque reducen el alcance de los principios. Cuando un órgano jurisdiccional resuelve un caso individual de dicho ámbito normativo, resuelve con su reconstrucción todos los casos individuales del mismo ámbito. Y lo hace de manera compatible con el hecho de que, en otro caso individual perteneciente a ese ámbito, o bien debe seguir la reconstrucción llevada a cabo, o bien debe mostrar una propiedad relevante, no apreciada previamente, que le permita resolver algunos casos individuales de un modo diverso.[30] Creo que de este modo es posible el control racional de la función aplicadora del Derecho.

Es obvio que en muchos casos individuales la solución ofrecida por una y otra reconstrucción será la misma. No obstante, insistiré en aquello que las distingue. La concep-

---

30 Como es obvio, esta operación representa el cambio de las reglas del sistema normativo y, por lo tanto, del sistema normativo aplicable. Sin embargo, este cambio es compatible con el hecho de que la solución de los casos realmente ocurridos en el pasado sea la misma para los dos sistemas normativos. Véase el desarrollo de esta idea en Moreso (2002).

ción aquí defendida requiere que seamos capaces de establecer cuáles son las propiedades seleccionadas que son *relevantes*. Guiar el comportamiento es, en realidad, seleccionar propiedades en cuya presencia o ausencia se correlacionan diversas calificaciones deónticas. Evidentemente, esta selección de propiedades no está en disposición de resolver todos los casos individuales, principalmente porque los conceptos que describen las propiedades son vagos y siempre habrá casos dudosos: ¿Es determinada expresión un *insulto* o no, como, por ejemplo, llamar al oficial de la reserva «asesino nato» en una revista satírica como *Titanic*? Esta podría ser una forma de reconstruir la decisión del Tribunal Constitucional alemán con el esquema presentado. En mi opinión, la la ventaja es que, en el futuro, el Tribunal solo ha de plantearse si determinada expresión es o no injuriosa y no el grado de interferencia de dicha expresión en la libertad de información.

Por otra parte, en la concepción especificacionista no hace falta la ponderación en abstracto, si por ella entendemos el peso de cada principio al margen de cualquier circunstancia. El derecho a la vida, que parece un candidato a tener mayor peso, también está sujeto a especificación: en primer lugar, porque algunas veces el derecho a la vida de una persona entra en conflicto con el derecho a la vida de otra persona, pero también porque, aunque el derecho a la vida genera un deber especial de, por ejemplo, los médicos para asistir a aquellos cuya vida corre peligro, dicho deber es exceptuado cuando la persona cuya vida corre peligro ha expresado seria y libremente su rechazo a determinado tratamiento —por ejemplo, las transfusiones de sangre— en virtud de sus convicciones religiosas.

Por último y más importante: el modelo de Alexy está abocado al particularismo, en el sentido de que una propiedad diferente puede hacer que un nuevo caso tenga una solución distinta. El modelo especificacionista no está necesariamente vinculado con el particularismo, en un ámbito determinado y con determinados principios en liza; el modelo presentado es generalista y con él se resuelven todos los casos previamente delimitados.

Considero que la estrategia *especificacionista* es razonable. Sin embargo, para que dicha estrategia sea convincente, debe ser sometida a dos limitaciones importantes.[31] Por una parte, dicha especificación contendrá siempre, entre las circunstancias que permiten revocar la obligación moral a la que en principio llevan determinadas propiedades —llamémosle *defeaters*—,[32] conceptos morales. Supongamos que yo he prometido ir esta noche a cenar a casa de un amigo. Si mi amigo me llama para decirme que, si no termino el artículo que estoy escribiendo, puedo no ir a su casa, este hecho socava la razón para cumplir la promesa: se trata de un *underminer*, una *causa de supensión*. Ahora bien, si mi amigo me llama para decirme que está muy cansado y que no se siente con fuerzas para cocinar esta noche, entonces este hecho cancela mi obligación de un modo diverso al anterior: no solo la socava, sino que me ofrece una razón para no ir a su casa: se trata de un *reverser, una causa de inversión.* Y si yo sufro mareos y no me encuentro bien para ir a su casa, entonces mi responsabilidad queda anulada mediante una *excusa.* Por otra parte, si es mi mujer la que me llama desde el hospital en el que ha sido ingresada, entonces el deber de acudir al hospital revoca el deber de cenar con mi amigo: se trata de un *overrider*, una *causa de anulación.* Como dice Walter Sinnot-Armstrong, al que se deben estas ideas y esta terminología: «'*Overriders, underminers, reversers, and excuses are, then, all reason defaters*» («anulaciones, suspensio-

---

[31] Expongo algunas ideas ya presentes en Moreso (2005b).

[32] Véase Moreso (2005a).

nes, inversiones y excusas son, entonces, todas ellas causas de revocación de las razones»).[33]

Entonces, los principios morales deben ser formulados incluyendo sus *defeaters*. Ahora bien, los *defeaters* siempre contendrán conceptos morales. Solamente en este sentido es posible *codificar* los principios morales. Es claro que, al menos, por razones epistémicas, no podemos codificar todos los *defeaters* acudiendo únicamente a propiedades naturales. Además, dadas las infinitas descripciones posibles de las acciones, es plausible pensar que también dicha tarea es irrealizable por razones conceptuales.[34] Este es el sentido en el cual el universalismo puede ser adecuado: hay principios morales que, sin embargo —y esta es la concesión al particularismo—, contienen necesariamente conceptos evaluativos.[35] Podemos, de este modo, revisar los antecedentes de nuestros principios *prima facie* haciéndolos más específicos, pero con el coste de incorporar en ellos, como *defeaters*, conceptos evaluativos.

Así es como, por otra parte, están codificadas las normas jurídicas. Si alguien mata a otro, comete un homicidio castigado, en principio, por el Código Penal; pero dicha acción no es punible si ha sido realizada en legítima defensa o en estado de necesidad o cualquiera de las demás causas de justificación, o si en su realización ha concurrido alguna de las causas de exculpación o eximentes completas —por ejemplo, trastorno mental—. Las causas de justificación y las excusas son los *defeaters* en la codificación de las normas penales. Dichos *defeaters* están, de hecho, formulados de tal modo que incorporan conceptos evaluativos (así, en el caso

---

33 Sinnot-Armstrong, op.cit., p.5. He intentado ofrecer una tentativa taxonomía de los *defeaters* en Moreso (2020).

34 Dicha sugerencia en Celano (2007); y Moreso (2004a).

35 Esta es la posición de McNaughton y Rawling (2000).

de la legítima defensa, que la agresión a la que se responde sea *ilegítima*, que no mediare provocación *suficiente*, etc.) Si alguien realiza un contrato de compraventa y se obliga a la entrega de un coche a cambio de un precio, tal contrato es válido siempre que no medien, por ejemplo, algunos vicios del consentimiento. Es decir, las obligaciones en el Derecho privado están también sujetas a *defaters*: los contratos son nulos si son contrarios a las leyes, a la moral o al orden público y son también nulos si se otorgan con algún vicio del consentimiento —error, coacción, etcétera—. Como puede apreciarse, también en este caso los *defeaters* contienen conceptos evaluativos.

No veo razones para rechazar este punto de vista para la moral ni desde el punto de vista conceptual ni desde el punto de vista justificativo. Ni siquiera Jonathan Dancy rechaza esta posibilidad.[36] Ahora bien, Dancy replica diciendo que de este modo no conseguimos todavía dar forma (*shape*) a las propiedades naturales sobre las que las propiedades morales supervienen, puesto que ahora queda por averiguar sobre qué propiedades naturales supervienen los *defaters*. Es decir, esta forma de universalismo no es más que un particularismo disfrazado de universalismo, un lobo con piel de cordero. El argumento de Dancy es similar al de Bruno Celano.[37] Celano sostiene que no hay ningún modo estable de llevar a cabo la revisión desde nuestros condicionales derrotables hasta los condicionales inderrotables y que no lo hay porque la noción de una tesis de relevancia última está mal formada. La tesis de relevancia última es aquella que establece cuáles son las propiedades naturales relevantes de un

---

36 Dancy, *op.cit.*

37 Celano, Bruno, «Pluralismo etico, particolarismo e caraterizzazioni di desiderabilità : il modello triadico», *Ragion Pratica*, 1, junio, pp. 133-150, 2007.

modo exhaustivo[38] y, según Celano, no hay esperanzas de alcanzar tal objetivo. Según Celano, el conjunto de las combinaciones de las propiedades potencialmente relevantes que toman en cuenta la historia del caso no es agotable.[39]

Estas consideraciones de Celano —y de Dancy— nos llevan a otra limitación del universalismo. Concedo, sin más argumentos, que en la codificación de las normas morales —y jurídicas— no se puede ir más allá de principios o normas con *defaters* evaluativos. Sin embargo, el discurso de aplicación de dichas codificaciones puede ir más allá. Sería irrazonable suponer que, enfrentados a un problema moral, debamos reconstruir todos nuestros principios morales válidos para todas las acciones humanas posibles. Es más sensato considerar que podemos adoptar un determinado universo del discurso, es decir, un conjunto determinado de acciones humanas. Por ejemplo, el conjunto de las acciones de devolver los libros que tenemos en préstamo.[40] Tal vez en este caso podamos alcanzar algo como una tesis de relevancia. Son relevantes, con seguridad, el plazo de tiempo por el que tenemos el préstamo, el hecho de que quien nos lo prestó sea su verdadero propietario —no es, por ejemplo, un libro sustraído de la biblioteca universitaria—, debemos incluir también las justificaciones —tuvimos que ausentarnos de la ciudad por un tiempo— y las excusas —lo dejamos olvidado en un cambio de domicilio—. Podemos también delimitar previamente el conjunto de normas morales a

---

38 La noción de tesis de relevancia se halla en Alchourrón y Bulygin, op.cit., cap. VI. Véase también Rodríguez, Jorge L. «Axiological Gaps and Normative Relevance», *Archiv* für *Recths-und Sozialphilosophie,* 86: 151-167, 2000, y, Rodríguez, Jorge L. y Súcar, Germán, «Las trampas de la derrotabilidad. Niveles de análisis de la indeterminación del derecho», *Analisi e Diritto 1998,* 1998, pp. 277-305.

39 Celano, *op. cit.*

40 Por tomar un ejemplo de Dancy, *op.cit,*. p. 60.

tomar en consideración, y así ignorar casos recalcitrantes siempre imaginables. Podemos atender únicamente a la norma moral que obliga a devolver lo prestado bajo ciertas condiciones e ignorar, ahora, la norma moral que prohíbe inducir a otro al suicidio, y así ignorar el supuesto de que la lectura del libro, dado el estado anímico de su propietario, puede llevarlo a suicidarse. Obviamente, si apreciamos que este es el caso, debemos introducir esta norma en el sistema, pero limitada a un universo de acciones y a un subconjunto de las normas morales, creo que es razonable aspirar a obtener una tesis de relevancia manejable. Por otro lado, así operan los juristas cuando se enfrentan a un caso real o hipotético: toman en cuenta un universo del discurso delimitado y un subconjunto de normas jurídicas (no todas las normas jurídicas, ya que no es sensato, aunque son un conjunto finito —si nos limitamos a las normas formuladas y no tomamos en cuenta las derivadas—, pensar en una reconstrucción global de todas ellas). En los *microsistemas* así concebidos, la operación de revisión estable es alcanzable y permite pasar, en este contexto delimitado, de la formulación de *defeaters* evaluativos a *defeaters* descritos mediante propiedades naturales. Es obvio que se trata, por definición, de reconstrucciones incompletas. También es verdad, como quieren los particularistas, que dichas reconstrucciones dependen del contexto, pero no —como arguyen los particularistas— del contexto establecido por las circunstancias del caso concreto, sino del contexto del problema normativo seleccionado. Es decir, en un contexto delimitado, hay propiedades naturales uniforme e invariablemente relevantes.

6. FRÓNESIS ARISTOTÉLICA PARA CONCLUIR

Alguien puede considerar, con razón, que esta defensa del generalismo concede demasiado al particularismo, dado que solo tenemos principios morales si los concebimos de tal modo que incorporen conceptos evaluativos y, en el razonamiento práctico, el juego de estos principios está delimitado por el contexto del universo del discurso seleccionado y de los principios morales que consideramos aplicables. Sin embargo, aun con estos límites, la imagen del razonamiento práctico que obtenemos permite la subsunción de casos individuales en pautas generales y deja un razonable espacio para la articulación y la consistencia de las decisiones. Esta concepción del razonamiento práctico vale, en mi opinión, tanto para la moral cuanto para el Derecho.

Quiero decir, para terminar, que me complacería que las ideas presentadas aquí sean solo un desarrollo de la concepción aristotélica de la deliberación práctica, de la *frónesis* aristotélica.[41] El cómo y el por qué deberán, me temo, aguardar a otra ocasión.

BIBLIOGRAFÍA

Alchourrón, Carlos E. y Bulygin, Eugenio (1971): *Normative Systems*, New York-Wien: Springer.

Aleinikoff, T. Alexander (1987): «Constitutional Law in the Age of Balancing», *Yale Law Journal*, 96, pp. 943-1005.

Alexy, Robert (1986): *Theorie der Grundrechte*, Frankfurt: Srukhamp

— (1993): *Teoría de los derechos fundamentales*, trad. de E. Garzón Valdés, (Madrid: Centro de Estudios Constitucionales).

— (2002a): «Epílogo a la *Teoría de los derechos fundamentales*», trad. de C. Bernal, *Revista española de Derecho Constitucional*, 22, 66, pp. 13-64.

---

41 En la línea, por ejemplo, de Wiggins 1987: cap 6 o de Nussbaum (2001: cap. 10).

— (2002b): *A Theory of Constitutional Rights*, trad. Julian Rivers, Oxford: Oxford University Press.

— (2003a): «Constitutional Rights, Balancing, and Rationality», *Ratio Iuris*, 16, pp. 131-140.

— (2003b): «On Balancing and Subsumption. A Structural Comparison», *Ratio Iuris*, 16, pp. 433-449.

— (2005): «Balancing, Constitutional Review, and Representation», *International Journal of Constitutional Law*, 3, pp. 572-581.

— (2018): «Proportionality, Constitutional law, and Sub-Constitutional Law: A Reply to Aharon Barak», *International Journal of Constitutional Law*, 16, pp. 871-879.

— (2020): «Dos objeciones de Luigi Ferrajoli a la teoría principialista de los derechos fundamentales», *Revista Cubana de Derecho*. 1(2), pp 39-52.

Atienza, Manuel y Ruiz Manero, Juan (1996): *Las piezas del Derecho*, Barcelona. Ariel.

— (2000): «Rules and Principles Revisited», *Associations*, 4, pp.147-156.

Barak, Aharon (2012): *Proportionality. Constitutional Rights and Their Limitations*, Cambridge: Cambridge University Press.

— (2017): «A Critical Review of Alexy Regarding the Relationship Between Constitutional Rights as Principles and the Theory of Proportionality», en M. Borowski, S.L. Paulson y J-R. Sieckmann (eds.) *Rechtsphilosophie und Grundrechtstheorie. Robert Alexys System*, Tübingen: Mohr Siebeck, pp. 347-357.

Bayón, Juan Carlos (2001): «¿Por qué es derrotable el razonamiento jurídico», *Doxa*, 24, pp. 35-62.

Bernal Pulido, Carlos (2003): *El principio de proporcionalidad y los derechos fundamentales*, Madrid: Centro de Estudios Políticos y Constitucionales.

Celano, Bruno (2007): «Pluralismo etico, particolarismo e caraterizzazioni di desiderabilità : il modello triadico», *Ragion Pratica*, 1, junio, pp 133-150.

Dancy, Jonathan (1993): *Moral Reasons*, Oxford: Basil Blackwell.

— (1999): 'Defending Particularism', *Metaphilosophy* 30: 24-32.

— (2000): *Practical Reality* (Oxford: Oxford University Press, 2000).

— (2001):«Moral Particularism», en E.N. Zalta (ed.), *The Stanford Encyclopedia of Philosophy* (ed. verano de 2001). Disponible en: <http://plato.stanford.edu/archives/sum2001/entries/moral-particularism/>.

— (2004): *Ethics without Principles*, Oxford: Oxford University Press.

Dworkin, Ronald (1986): *Law's Empire*, Cambridge (Mass.): Harvard University Press.

Endicott, Timothy (1998): «Herbert Hart and the Semantic Sting», *Legal Theory*, 4, pp. 283-301.

Ferrajoli, Luigi (2001): *Los fundamentos de los derechos fundamentales*, Madrid: Trotta.

— (2015): «Diritti fondamentali e democracia. Due obiezioni a Robert Alexy« *Rivista di filosofia del diritto*, IV, 1, pp. 37-52.

García Amado, Juan Antonio (2007a): «El juicio de ponderación y sus partes. Una crítica, en R. Alexy, *Derechos sociales y ponderación,* R García Manrique (ed.), Madrid: Fundación Coloquio Jurídico Europeo, 2007, cap. VII.

— (2007b): «¿Ponderación o simples subsunciones? Comentario a la Sentencia del Tribunal Constitucional Español 72/2007, de 25 de abril de 2007», *Palestra del Tribunal Constitucional. Revista mensual de jurisprudencia,* 2(8), pp. 619-627.

Guastini, Riccardo (1998a): «Principi di Diritto e discrezionalità giudiziale», *Diritto Publico,* pp. 651-659.

— (1998b): *Teoria e dogmatica delle fonti,* Milán: Giuffrè.

— (1999): *Distinguiendo. Estudios de teoría y metateoría del Derecho,* trad. J. Ferrer, Barcelona: Gedisa.

Habermas, Jürgen (1992): *Facticidad y validez. Sobre el Derecho y el estado democrático de derecho en términos de teoría del discurso,* trad. M. Jiménez Redondo, Madrid: Trotta.

Hare, R.M. (1952): *The Language of Morals,* Oxford: Oxford University Press.

Hernández Marín, Rafael (2005): *Las obligaciones básicas de los jueces,* Madrid: Marcial Pons, 2005.

Holton, Richard (2002): «Principles and Particularisms», *Proceedings of the Aristotelian Society,* 76, pp. 191-210.

Hurley, Susan (1989): *Natural Reasons,* Oxford: Oxford University Press.

— (1990): «Coherence, Hypothetical Cases, and Precedent», *Oxford Journal of Legal Studies,* 10, pp. 221-255.

Kant, Immanuel (1989): *La metafísica de las costumbres,* trad. A. Cortina Ors y J. Conill Sancho, Madrid: Tecnos.

Lombardi Vallauri, Luigi (2001): *Nera luce. Saggio su cattolicesimo e apofatismo* Florencia: Lettere.

McDowell, John (1998): *Mind, Value, and Reality*, Cambridge (Mass.): Harvard University Press.

McNaughton, David (1988): *Moral Vision*, Oxford: Oxford Blackwell.

McNaughton, David y Rawling, Piers (2000): «Unprincipled Ethics», en B. Hooker y M. Little (eds.) (2000): *Moral Particularism*, Oxford: Oxford University Press.

Moreso, José Juan (2002): «Conflitti tra principi constituzionali», *Ragion Pratica*, 18, pp. 201-221.

— (2004): «Dos concepciones de la aplicación de las normas de derechos fundamentales», en J. Betegón, F. Laporta, J.R. Páramo y L. Prieto Sanchís, Luis (comps.): *Constitución y derechos fundamentales*, Madrid: Centro de Estudios Políticos y Constitucionales.

— (2005a): «Positivismo giruidico e applicazione del diritto», *Materiali per una storia della cultura giuridica*, 35, pp. 225-244.

— (2005b): «Cristina Redondo su ragione e norme», *Ragion Pratica*, 2 diciembre, pp. 491-506.

— (2012): «Ways of Solving Conflicts of Constitutional Rights: Proportionalism and Specificationism», *Ratio Juris*, 25(1), pp. 31-46.

— (2017a): «Atienza: dos lecturas de la ponderación», en J. Aguiló Regla y P.P. Grández Castro (eds.), *Sobre el razonamiento judicial. Una discusión con Manuel Atienza*, Lima: Palestra, pp. 205-220.

— (2017b): «Moral Complications and Legal Structures», en M. Borowski, S.L. Paulson y J-R. Sieckmann (eds.), *Rechtsphilosophie und Grundrechtstheorie. Robert Alexys System*, Tübingen: Mohr Siebeck, pp. 359-374.

— (2020): «Towards a Taxonomy of Normative Defeaters», en S. Bertea (ed.), *Contemporary Perspectives on Legal Obligation*, London: Routledge, pp. 173-186.

Nussbaum, Martha C. (2001): *The Fragility of Goodness: Luck and Ethics in Greek Tragedy and Philosophy*, Cambridge: Cambridge University Press.

Richardson, H.S. (1990): «Specifying Norms as a Way to Resolve Concrete Ethical Problems», *Philosophy and Public Affairs*, 19, pp. 279-310.

Rodríguez, Jorge L. (2000): «Axiological Gaps and Normative Relevance», *Archiv* für *Recths-und Sozialphilosophie*, 86: 151-167.

Rodríguez, Jorge L. y Súcar, Germán (1998): «Las trampas de la derrotabilidad. Niveles de análisis de la indeterminación del derecho», *Analisi e Diritto 1998*, pp. 277-305.

Ross, W.D. (1930): *The Right and the Good*, Oxford: Oxford University Press.

Scanlon, Thomas (2000): «Intention and Permissibility», *Proceedings of the Aristotelian Society*, 74, pp. 301-317.

Shafer-Landau, Russ (1995): «Specifying Absolute Rights», *Arizona Law Review*, 37, pp. 209-225.

Sinnot-Armstrong, Walter (1999): «Some Varieties of Particularism», *Metaphilosophy*, 30: 1-12.

Väyrynen, Pekka (2006): «Moral Generalism: Enjoy in Moderation», *Ethics*, 116, pp. 707-741.

Wiggins, David (1987): «Deliberation and Practical Reason», en D. WIGGINS, *Needs, Values, and Truth. Essays in the Philosophy of Value*, Oxford: Basil Blackwell, 1987.

REFLEXIONES CRÍTICAS SOBRE «MANERAS DE RESOLVER LOS CONFLICTOS ENTRE DERECHOS: UNA ESTRATEGIA ESPECIFICACIONISTA», DE JOSÉ JUAN MORESO

Germán Sucar*

«Lo que es obvio, no necesita ser explicado», dice un proverbio. Pero lo obvio, a fuerza de no mencionarse, deja de serlo.

La perplejidad que me suscita el trabajo de José Juan Moreso —que analizaré en este comentario—[1] tiene como nudo

* Profesor titular de tiempo completo del Departamento Académico de Derecho del ITAM (german.sucar@itam.mx).
Conferencia disertada el 7 de septiembre de 2022, en la Escuela Judicial del Estado de México.
En dicha calidad expreso mi agradecimiento a esta institución y, especialmente, a su biblioteca, así como al apoyo financiero otorgado por parte de la Asociación Mexicana de Cultura. Vaya mi reconocimiento, asimismo, a Ramón Ortega García por haberme invitado a intervenir para replicar la ponencia de José Juan Moreso en el *Primer Coloquio Hispano-Mexicano de Filosofía del Derecho: «La interpretación y aplicación de los derechos humanos en sede judicial»* celebrado en Toluca (Estado de México, México) en septiembre de 2022 y organizado por el Poder Judicial del Estado de México, PJDOMEX. También, y muy especialmente, para José Juan Moreso, cuyo trabajo, así como la discusión a su propósito, ha sido muy estimulante para mi reflexión. El presente trabajo tiene su origen en el referido evento académico.

exactamente la forma de esta contraposición. Por ello, mis reflexiones críticas tendrán como eje central el recordatorio de algunos postulados y consecuencias básicos del iuspositivismo —que el profesor Moreso comparte— y, posteriormente, su aplicación al tema de su contribución: las maneras de resolver conflictos normativos entre derechos fundamentales (típicamente, con jerarquía constitucional). Mi propósito es mostrar que en el análisis de Moreso algunos de estos postulados y consecuencias básicos son olvidados y que esa postergación da lugar a una serie de asunciones o afirmaciones sobre el tema en cuestión que no parecen ser compatibles con el iuspositivismo. Asimismo, procuraré sustituir estas asunciones y afirmaciones por otras correlativas que considero adecuadas y consistentes con esta concepción.

A través de este expediente, espero disipar mi perplejidad y ofrecer una suerte de esquema de las pautas centrales que deberían presidir, en el marco del iuspositivismo, el análisis de los conflictos normativos entre derechos fundamentales.

Como ocurre con tantas otras cuestiones que preocupan al jurista, un problema como el que se plantea José Juan Moreso —¿cuál es la manera adecuada de resolver conflictos normativos entre derechos (fundamentales)?— no puede ser adecuadamente analizado y mucho menos ser satisfactoriamente respondido si no es sobre la base de una teoría —o modelo teórico— sobre la naturaleza del Derecho y del conocimiento jurídico y, en particular, de una teoría de los derechos.[2] De ahí que, a mi juicio, sea imprescindible explicitar los presupuestos teóricos en que se funda el análisis y la propuesta de solución a un problema como el que aborda Moreso.

---

1 Moreso (2023).

2 *Cfr.* Sucar (2008, 2019).

Mi tesis central es que, en el marco del tipo de iuspositivismo al que adhiero y al que entiendo también adhiere Moreso, la estrategia especificacionista —que defiende Moreso—, al igual que la demás estrategias rivales con las que la confronta, no puede ser postulada de manera general y *a priori*, esto es, con independencia de la estructura y de la fuerza normativa de los derechos fundamentales en consideración que resulte de una previa tarea de identificación del derecho en un orden jurídico determinado. Mi tesis implica una corrección al modo en que Moreso *formula* el problema. De acuerdo con esta formulación, en efecto, hay una manera por lo menos mejor o más promisoria que otras rivales de resolver los conflictos normativos entre derechos (fundamentales), *más allá de cuál sea su configuración concreta en un orden jurídico en particular.* Por el contrario, de acuerdo con mi tesis la evaluación de la mejor o más promisioria estrategia para resolver los conflictos normativos entre derechos (fundamentales) requiere establecer previamente: a) cuál es la estructura y fuerza normativa de los derechos en cuestión en determinado orden jurídico; y b) el modo de resolución de conflictos normativos que prevé determinado orden jurídico. Las diferencias en relación con lo indicado en a) o en b) podría dar lugar tanto a considerar que hay —o, en realidad, no hay— un conflicto normativo entre derechos como a especificar las características del conflicto, así como su modo de solución. En consecuencia, la formulación de nuestro problema debería transformase en esta otra: ¿cuáles son las maneras adecuadas de resolver conflictos normativos entre derechos (fundamentales) según su estructura y fuerza normativa, y el modo de resolución previsto en un orden jurídico determinado? De esta manera, la estrategia especificacionista que defiende Moreso, así como las estrategias rivales con las que la enfrenta, solo tienen sentido en cierto escenario determinado según determinadas caracterísicas de los derechos fundamentales relativas a su estructura y fuerza normativa, y según determinadas características de los modos de resolver conflictos normativos en un orden jurídico dado.

De acuerdo con lo expuesto, comenzaré explicitando los rasgos del iuspositivismo normativista y convencionalista relevantes para mi cometido (I) y, a continuación, realizaré un examen de su aplicación a los conflictos normativos entre derechos fundamentales a través de un análisis crítico de algunas de las principales asunciones y afirmaciones de Moreso a este respecto (II).

1. EL MODELO IUSPOSITIVISTA NORMATIVISTA Y CONVENCIONALISTA

En lo que sigue, explicitaré los presupuestos teóricos del modelo iuspositivista, normativista y convencionalista que considero esenciales para señalar los puntos en los que debiéramos estar de acuerdo con Moreso, y destacar —en el apartado siguiente— su olvido (al menos aparente) por parte de Moreso.[3]

Comencemos por la noción de iuspositivismo. He caracterizado el iuspositivismo sobre la base de dos grandes tesis: la tesis de las fuentes sociales y la tesis de la neutralidad epistémica. De acuerdo con la primera, la existencia y el contenido del Derecho depende *exclusivamente* de hechos sociales. De acuerdo con la segunda, el Derecho como instancia social, al igual que los conceptos y categorías jurídicos, pueden ser definidos sin valorar y sin introducir notas valorativas, y desde un punto de vista externo, es decir, sin sea necesario asumir la posición de un participante (es decir, el punto de vista in-

---

3 Para una exposición más detallada, permítaseme remitir a Sucar (2008, 2019)

terno). En la discusión que nos ocupa, sin embargo, solo nos interesará la primera de estas dos tesis.[4]

De acuerdo con la presentación que de ella hace Joseph Raz, la tesis de las fuentes sociales, es la versión fuerte de la tesis social, es decir, aquella que da lugar al llamado *iuspositivismo excluyente.*[5] La versión débil de la tesis social, en cambio, es la que da lugar al llamado *iuspositivismo incluyente.*

---

4 Al caracterizar el iuspositivismo sobre la base de estas dos tesis me aparto de la caracterización contemporánea habitual sustentada en tres tesis: la tesis de la separación conceptual entre el Derecho y la moral, la tesis de las fuentes sociales y la tesis de la discrecionalidad (véase principalmente Hart, 1982 y también 1994, así como Moreso, 2002, donde se adopta esta caracterización tripartita; inicialmente, Hart había caracterizado el iuspositivismo sobre la base de la tesis de la separación conceptual entre el derecho y la moral (*cfr.* Hart, 1958 y 1961)). Mi apartamiento de esta clasificación tripartita —aquí brevemente expuesta— obedece a las siguientes razones. En primer lugar, porque considero que la tesis de las fuentes sociales ya recepta parte del núcleo de lo que me parece justificado teóricamente aceptar de la tesis de la separación (de entre todos los tipos de separación entre el Derecho y la moral que incluye ampliamente esta tesis: en el plano de la identificación del Derecho, en el de la definición del Derecho, en el de la justificación del Derecho, o en relación con que la sola existencia del Derecho provee o asegura ciertos valores morales), a saber, la tesis de la no conexión identificatoria entre el derecho y la moral que, como he dicho, está implicada por la tesis de las fuentes sociales. En segundo lugar, porque entiendo que la tesis de la discrecionalidad ya está (también) implicada en la tesis de las fuentes sociales (y no se trata, por lo tanto, de una tesis independiente como figura en la clasificación tripartita). Para una explicación detallada al respecto, remito a Sucar (2008: 160-175). Adicionalmente, repárese en que Raz no aceptaría la tesis de la neutralidad epistémica (que, a mi juicio, constituye la otra dimensión del núcleo a retener de la tesis de la separación). Ello se sigue, a mi entender, de que la definición del derecho de Raz como instancia social contiene características con contenido normativo-valorativo, entre ellas, típicamente, su noción de pretensión de legitimidad (*cfr.* Raz, 1979).

5 Raz (1979). Para Raz, de acuerdo con el requisito de *las fuentes* (i.e., la versión fuerte de la tesis social), la existencia y contenido del

En mi caracterización del iuspositivismo, asumo la tesis de las fuentes sociales, que implica, a su vez, dos subtesis: la tesis de la no conexión identificatoria entre el Derecho y la moral y la tesis de los límites o de la discrecionalidad. De acuerdo con la primera tesis, la identificación del Derecho, —vale decir, la información acerca de lo que el derecho permite, obliga o prohíbe, así como las consecuencias jurídicas asociadas a esta determinación— no conlleva valoraciones morales que impliquen una conexión necesaria entre el Derecho y la moral. Ahora bien, al menos en varios de sus trabajos, Moreso asume la posición inclusivista que yo rechazo.[6] Una manera de presentar la diferencia entre iuspositivismo excluyente e incluyente es la siguiente: en la segunda altenativa se asume la tesis social débil (a diferencia de la primera, en la que se asume la tesis social fuerte), que no implica (a diferencia de la tesis social fuerte) la tesis de la no conexión identificatoria.[7] Así, desde el punto de vista del iuspositivismo incluyente, si el Derecho introduce

---

Derecho está *totalmente* determinado por las fuentes sociales. En su *versión débil*, en cambio, la tesis social se comprometería solo con la eficacia y el carácter institucional del Derecho, pero no con el requisito de las fuentes. Para Raz, la tesis débil es insuficiente para caracterizar al positivismo jurídico, toda vez que es compatible no solo con a) la tesis de que en ocasiones la identificación de algunas normas jurídicas requiere argumentos morales (tesis que se encuentra en la frontera con el iuspositivismo y puede o no ser consistente con él, toda vez que este punto de vista depende de la existencia contingente de una disposición jurídica basada en fuentes que convierte, algunas veces, consideraciones morales en criterios de validez), sino también con b) el tesis de que en todo orden jurídico la identificación de ciertas normas jurídicas requiere argumentos morales (tesis que no puede ser aceptada, toda vez que sostiene que existe una necesidad conceptual entre la identificación del derecho y los argumentos morales). Raz (1979: 65-73).

6 Véase Moreso (2002); y, de manera más amplia, ahora, Moreso (2020), donde se reúnen muchos de sus artículos.

7 Bayón (2002).

contingentemente un concepto moral como contenido de una norma, para identificar el contenido de dicha norma habría que recurrir al valor moral que expresa dicho concepto, lo que conllevaría, necesariamente, una valoración moral. De manera similar, los conceptos morales pueden ser establecidos como criterios de validez jurídica y, en tal caso, para determinar si una norma ha satisfecho o no un criterio de validez expresado por un concepto moral, habría que acudir a dicho valor moral, lo que requeriría, necesariamente, una valoración moral. En uno y otro caso, las valoraciones morales no podrían ser consideradas ni reducidas a meros hechos. De ahí que la moral tenga que ser considerada en términos de objetividad (por mínima que sea la noción de objetividad que se postule) y no en términos puramente subjetivos. En rigor, la adopción del iuspositivismo incluyente no implica el abandono (completo) de la tesis de la no conexión identificatoria, sino solo una restricción en su alcance: esta no sería sostenible únicamente en los casos en que la identificación del Derecho sea relativa al contenido de las normas jurídicas y en que este exprese valores morales; de modo que sí es sostenible, en cambio, cuando la identificación del Derecho es relativa a normas cuyo contenido no es moral o a una parte del contenido cuando este no es moral o cuando es relativa a otros aspectos de las normas como, por ejemplo, su estructura y fuerza normativa. Sobre este último punto, que reviste particular importancia para mi análisis, volveré en el apartado siguiente. Desde mi punto de vista, el iuspositivismo incluyente no constituye una posición teórica genuina entre el iuspositivismo excluyente y el antipositivismo.[8] Sin embargo, pese a su

8 *Cfr.* Sucar (2008: 175-180). Adicionalmente a lo allí dicho agrego —sin poder desarrollarlo completamente aquí— el siguiente argumento. Supóngase que se trata de identificar el contenido de una norma jurídica que contiene algún concepto moral —por ejemplo,

incidencia en muchas cuestiones, esta diferencia (interior al modelo iuspositivista) no incidirá en absoluto en las reflexiones críticas que me van a ocupar.

---

la dignidad— Si se trata de un caso claro de dignidad (o de una vulneración de la dignidad), no es necesaria una valoración para reconocerlo: de la misma manera que podemos identificar un caso claro de aplicación de un concepto moral (valorativo) de una cultura cuyos valores (o ese valor en particular) conocemos, pero que no compartimos ni asumimos ningún tipo de compromiso o internalización cultural con el mismo (vale decir, que lo identificamos desde un punto de vista externo), lo mismo puede ocurrir con un concepto perteneciente a nuestra propia cultura (la primera hipótesis solo hace más patente esta posibilidad). En suma, creo que es posible identificar la instancia de un concepto moral sin la necesidad de llevar a cabo una valoración positiva o negativa. Si, en cambio, se trata de un caso de instanciación dudoso de aplicación de un concepto moral que forma parte del contenido de una norma jurídica, tampoco veo que haya conexión necesaria con la moral en la tarea de identificación del Derecho, dado que lo que se estaría haciendo al establecer si dicho caso de instanciación dudoso forma parte o no del concepto en cuestión no es *identificar* el Derecho, sino *precisarlo, completarlo*, o *determinarlo*, de la misma manera que haríamos si se tratase de un problema de un caso dudoso de aplicación de un concepto como consecuencia de su vaguedad. A menos que se suponga que los casos dudosos de aplicación de un concepto moral deben tener necesariamente una respuesta correcta —lo cual implica una noción de objetividad moral muy fuerte, y más fuerte de lo que requiere el iuspositivismo incluyente para ser postulado—, no hay aquí, a mi juicio, ninguna diferencia con el problema de la vaguedad: quien establece un criterio para englobar o no el caso dudoso bajo el concepto en cuestión, está precisando (completando o determinando) el concepto, no identificándolo. Ello es así, desde luego, desde una teoría semántica de la vaguedad. Bien podría sostenerse lo contrario desde una teoría epistémica de la vaguedad. No obstante, esta última teoría no me parece defendible, del mismo modo que no me parece defendible una concepción para la cual todos los casos dudodos de aplicación de un concepto moral deban tener necesariamente una solución correcta. Sobre las teorías de la vaguedad y su aplicación al derecho, remito a Sucar (2008: 79-102).

Por su parte, la tesis de los límites o de la discrecionalidad expresa que el Derecho puede resultar indeterminado (como consecuencia de algún tipo de defecto en los hechos sociales que constituyen su fuente), de modo que, cuando haya que resolver un caso bajo estas circunstancias, habrá necesariamente un acto creador (y no de mera aplicación) de Derecho sobre la base de estándares extrajurídicos.

En cuanto al calificativo «normativo», baste aquí decir que por «normativismo» entiendo la tesis que concibe el Derecho, básicamente, como un conjunto de normas (generales) positivas válidas (y no, por ejemplo, de ciertos hechos, como sostienen algunos realistas jurídicos). Una de las consecuencias principales de estas tesis es que las prácticas jurídicas no pueden constituir el criterio de corrección de lo que establece el Derecho, y que, por el contrario, son las normas jurídicas —es decir, lo que estas establecen— lo que constituye el criterio de corrección de las prácticas, esto es, si estas son o no conformes a Derecho (i.e, si son jurídicamente permitidas, prohibidas u obligatorias).

Queda, por último, especificar el calificativo «convencionalista». Al respecto, con el término «convencionalismo» me refiero, esencialmente, a la tesis de que los criterios de validez jurídica (y, por ende, lo que cuenta y no cuenta como Derecho) depende de ciertas prácticas sociales contingentes y variables.

En el modelo teoríco iuspositivista normativista y convencionalista que defiendo, los anteriores postulados teóricos sobre el Derecho están asociados a estos otros que versan sobre el conocimiento jurídico: 1) el conocimiento jurídico es el conjunto de los enunciados jurídicos descriptivos verdaderos; 2) tales enunciados son verdaderos o falsos en virtud de lo que las normas jurídicas prescriben en relación con ciertas conductas; 3) la determinación jurídica de las conductas depende de una reconstrucción sistemática del material normativo; 4) la indeterminación del Derecho no implica siempre que los enunciados jurídicos que lo describen lo sean (no lo serán, por ejemplo, en supuestos de lagunas o contradiciones normativas, pero sí podrán serlo en enunciados de subsución dudosos en virtud del fenómeno de la vaguedad, i.e., en el supuesto de lagunas de reconocimiento).

Cabe hacer notar que, así caracterizado, este modelo teórico es *neutral* tanto respecto del cognoscitivismo y del no cognoscitivismo ético como de la tesis de la conexión justificatoria o de la no conexión justificatoria entre el Derecho y la moral.

Concibo estas tesis mediante las que caracterizo el iuspositivismo normativista y convencionalista en relación con el Derecho y con el conocimiento jurídico como postulados teóricos, esto es, como puntos de partida teóricos que permiten una más completa y mejor explicación de las instituciones y de las prácticas que consideramos jurídicas, al igual que los problemas que frecuentemente preocupan al jurista como el que aquí nos ocupa, es decir, el de las teorías rivales (iuspositivismo incluyente o antipositivismo).

Por lo demás, en la medida en que dicho modelo teórico pretende proveer una *explicación* del Derecho y del conocimiento jurídico (y no su valoración, justificación o crítica), esto es, en la medida en que se enmarca en el resgistro de la *razón teórica,* no puede válidamente contener juicios práctico-normativos, propios del registro de la razón práctica. Ello no impide, desde luego, que sea compatible con la formulación, *fuera* de dicho marco teórico-explicativo, de valoraciones, justificaciones o críticas del Derecho. Tampoco impide la posibilidad llevar a cabo una *explicación* de las prácticas jurídicas práctico-normativas como, por ejemplo, paradigmáticamente, las tareas de producción jurídica (legislativas o jurisdiccionales). De acuerdo con lo dicho más arriba, sin embargo, esta afirmación tiene alguna restricción en su alcance en la versión del iuspositivismo incluyente (i.e., en el caso de la identificación del contenido de una norma que contiene conceptos morales o cuando estos constituyen criterios de validez), pero no —y esto es lo que me interesa resaltar especialmente— en la mayoría de los otros supuestos que cabe considerar como objeto de explicación y, en cualquier caso, en los que vamos a abordar aquí.

De conformidad con todo lo antedicho, cabe establecer las siguientes distinciones como inherentes al iuspositivismo, normativista y convencionalista (aun en una versión inclusivista):

1. La *identificación* del Derecho —por lo menos en los casos donde no hay conceptos morales en juego— es una tarea de distinta naturaleza, irreductible a —y excluyente respecto de— la *valoración* del Derecho, la *justificación* política, prudencial o moral del Derecho, así como de la *crítica* del Derecho. Por «valoración» entiendo aquí la mera atribución de un valor al Derecho o a una parte de él. Por «justificación» aludo al hecho de aportar (buenas) razones (a partir de cierto conjunto normativo) en favor de que deba o no deba hacerse algo (política, prudencial o moralmente, etc.) o de que convenga o no convenga hacer algo (desde el punto de vista prudencial), etc. Por «crítica», entiendo, o bien una valoración negativa del Derecho o de alguna de sus partes, o bien el hecho de aportar (buenas) razones (a partir de cierto conjunto normativo) para sostener que es *incorrecto* (política, prudencial o moralmente, etc.) hacer o no hacer algo o que es *inconveniente* hacer algo (desde el punto de vista prudencial). Como puede apreciarse sin dificultad, la valoración, la justificación y la crítica del Derecho presuponen su previa identificación, mientras que la proposición conversa es falsa: la identificación del Derecho

no solo no presupone, sino que excluye, la valoración, la justificación y la crítica del Derecho.

De acuerdo con lo dicho más arriba, debe quedar claro, una vez más, que, si bien la valoración, la justificación y la crítica del Derecho quedan fuera de marco del iuspositivismo normativista y convencionalista (en la medida en que este posee un tenor exclusivamente teórico-explicativo), no son incompatibles con el mismo, de modo que puede ser complementado con el desarrollo de todas estas actividades práctico-normativas. Estas actitudes pueden ser enmarcadas en lo que Norberto Bobbio denominó *positivismo ideológico*[9] en contraposición a lo que ha dado en llamarse *positivismo metodológico o conceptual.* Nuestro modelo teórico bien puede ser considerado un iuspositivismo ideológico o conceptual.

Mientras que el iuspositivismo metodológico o conceptual consiste en una aproximación valorativamente neutra al Derecho y al conocimiento jurídico con la pretensión de ofrecer una explicación de su naturaleza (qué son, cuál es su estructura, cómo son), el iuspositivismo ideológico consiste en posicionamiento ideológico respecto del Derecho.

En mi reformulación, el iuspositivismo ideológico consiste en una tesis práctico-normativa que afirma que el Derecho, tal como es identificado, debe ser moralmente (o prudencial o políticamente) obedecido y aplicado. Esta formulación general admite una versión *fuerte* y una *débil* o, como las denomina Bobbio, *extrema* y *moderada.*[10] En el primer caso, se postula un deber moral (o prudencial o político) *absoluto* o *irrestricto* de obedecer y aplicar el Derecho (cualesquiera sean sus consecuencias). En el segundo caso, en cambio, se postula un deber moral (o prudencial o po-

9 Bobbio (1965).

10 *Ibídem*: 79.

lítico) *relativo* de obedecer y aplicar el Derecho; es decir, se afirma que, en la medida en que el Derecho asegure en general ciertos valores, debe ser moralmente (o prudencial o políticamente) aplicado y obedecido, aun si conduce, en algunos casos, a decisiones injustas o que se consideran injustas, o a consecuencias indeseables o que se consideran indeseables (fuera de esa medida, moralmente debería no ser obedecido y aplicado o, por lo menos, habría razones morales para no hacerlo).

2. Hay otra actividad distinta tanto a la identificación del Derecho, por una parte como a la valoración, justificación y crítica del Derecho, por otra. Se trata de lo que podríamos llamar *propuesta de configuración del Derecho.* El ejemplo más típico que podemos invocar para ilustrarlo es la tarea de un poder constituyente originario que elabora un proyecto de constitución con la finalidad de instaurarla como el fundamento de un inicial o nuevo orden jurídico. A diferencia de la identificación del Derecho, la propuesta de configuración del Derecho no es una tarea teórica, sino práctico-normativa, y consiste en el diseño o creación de un conjunto de normas o su eventual establecimiento con el fin de dirigir la conducta de cierta manera. El hecho de ser una tarea de índole práctico-normativa es lo que la propuesta de configuración del derecho tiene en común con la valoración, la justificación y la crítica del Derecho; pero aquella se distingue de estas últimas por el hecho de que, a diferencia de ellas, no presupone un conjunto de normas ya identificadas, sino que diseña o crea y, eventualmente, establece un conjunto de normas.

Es posible considerar que la tarea de configuración del Derecho se enmarca en la perspectiva del iuspositivismo ideológico. Para ello, deberemos suministrar una definición algo modificada respecto de la que se ha propuesto anteriormente. Ello es así porque la noción de iuspositivismo ideológico, como hemos visto, está pensada para la situación en la cual ya hay un orden jurídico cuyas normas ya han sido identificadas. Y en esa situación se da un pronunciamiento normativo sobre si esas normas deben (moral, prudencial o políticamente; en todo caso: extrajurídicamente) ser obedecidas o aplicadas (ya sea siempre o solo bajo ciertas circunstancias). Como en la situación que estamos suponiendo ahora no hay todavía un orden jurídico cuyas normas han sido ya identificadas, la noción de iuspositivismo ideológico debe ser adaptada a ella, de tal modo que quede incluido *el pronunciamiento* (basado en razones prudenciales, morales o políticas; en todo caso, extrajurídicas) *acerca de cómo deberían ser las normas a crearse en relación con el deber jurídico de obedecer o aplicar los derechos (en lo que aquí nos concierne, los derechos fundamentales o un grupo de ellos incorporados a la constitución).*

Una vez explicitados los presupuestos teóricos que presidirán mi reflexión crítica sobre el trabajo de José Juan Moreso, abordaré la cuestión de los conflictos entre derechos fundamentales y, en particular, su propuesta especificacionista.

2. APLICACIÓN DEL MODELO IUSPOSITIVISTA NORMATIVISTA Y CONVENCIONALISTA AL ANÁLISIS DEL CONFLICTO NORMATIVO ENTRE DERECHOS FUNDAMENTALES

Moreso se propone «prestar especial atención a los problemas de aplicación de las constituciones o los convenios internacionales que contienen declaraciones de derechos, dado que las pautas que establecen derechos pueden entrar en conflicto».[11] Su centro de interés es, por lo tanto, el

---

11 Moreso (2023).

Derecho, y, particularmente, los conflictos normativos entre derechos jurídicos. Sin embargo, Moreso de nos resitúa de inmediato en al ámbito de la filosofía práctica y de la filosofía moral: «En este sentido, se trata de un fenómeno muy conocido en la filosofía práctica en general y en la filosofía moral en particular».[12] Este desplazamiento no es necesariamente erróneo, pero deja en la sombra el hecho particularmente significativo (especialmente, para quien suscribe o adhiere a una postura iuspositivista) de que la cuestión de los conflictos entre normas jurídicas en general y entre los derechos jurídicos fundamentales en particular podría no ingresar en el terreno de la filosofía práctica y la filosofía moral. Ello es así porque, a diferencia de lo que ocurre con los conflictos normativos entre derechos en el dominio de la filosofía práctica y moral, en el ámbito del Derecho un orden jurídico bien puede prever por adelantado la solución de lo que, de otro modo —i.e., de no preverse—, sería un conflicto normativo. Dicho en otros términos, en el ámbito jurídico es imprescindible comenzar por la identificación del Derecho, esto es, por la determinación de cuáles son las normas jurídicas validas en cuestión, y ello no solo en relación con su contenido, sino también, como trataré de mostrar, respecto de su eventual relación jerárquica e incluso su estructura y fuerza normativa.

Retomemos el ejemplo con el que comienza Moreso:

> Supongamos que una persona sugiere que hay un principio moral que establece «Deben cumplirse las promesas», entonces otra persona trata de mostrarle que el hecho de haber prometido hacer A no siempre constituye una razón *decisiva* para hacer A, puesto que puede chocar con otro principio moral. Así ¿es una razón para matar a una persona el hecho de haberlo prometido a cambio de un millón

---

12 *Ídem.*

de euros? Parece que aquí vence el principio moral con arreglo al cual no se debe matar.[13]

Entre este ejemplo, ubicado en el plano moral, y una situación de conflicto normativo en el Derecho hay una diferencia que, por lo menos para un iuspositivista, debiera saltar a la vista: en un orden jurídico, a un derecho (o a una obligación) podría atribuírsele un carácter absoluto o irrestricto, de modo que todo otro derecho (u obligación) deba ceder ante él, aun si esto es manifiestamente injusto, o pueda comportar, bajo ciertas circunstancias, consecuencias injustas o resulte irrazonable. Cuestión distinta será cómo nos posicionemos ideológicamente frente una configuración tal de los derechos u obligaciones (fundamentales). Podríamos, en efecto, valorar negativamente, criticar o incluso proponer una reforma legislativa o constitucional. Todas estas actitudes, sin embargo, presuponen que las normas jurídicas en cuestión han sido previamente identificadas. Si trasladamos el ejemplo de Moreso al terreno del Derecho, bien podría ocurrir que un orden jurídico estableciera que las promesas deben ser cumplidas sin excepción, de modo que el contrato de sicariato fuese válido, sin perjuicio de que ello no implique justificar jurídicamente el homicidio. Una regulación de este tipo resulta, sin lugar a dudas, implausible en la práctica, pero en este contexto argumental basta con que no sea imposible fácticamente. El derecho puede ser injusto e irrazonable, pero la justicia y la razonabilidad no son, para el iuspositivismo, notas definitorias del Derecho ni de los derechos (o de las obligaciones).

Moreso advierte con razón que «[l]a aplicación del Derecho, tal y como usualmente la comprendemos, es una instancia» del enfoque subsuntivo —a diferencia de lo que

---

13 *Ídem.*

ocurre en el terreno moral (donde se presentan ejemplos como el antes mencionado)—:[14]

> Aplicar el Derecho consiste en determinar la norma individual que establece una cierta consecuencia normativa para un caso individual determinado. Para tal fin, se trata de mostrar que dicho caso individual es una instancia de un caso genérico al que una norma aplicable correlaciona con esa consecuencia normativa.[15]

Ahora bien, tras este reconocimiento, podríamos decir que, referido a los casos usuales o normales, Moreso afirma que «el enfoque subsuntivo parece plantear problemas».[16] A fin de explorar esta cuestión y proponer la estrategia especificacionista respecto de otras alternativas (el particularismo y el proporcionalismo), Moreso presenta cuatros casos que representan supuestos de conflictos normativos entre derechos fundamentales. Los dos primeros casos son relativos a una colisión entre el derecho a la libertad de expresión y el derecho al honor (el caso *Titanic*, y el caso del *cura de Hío*); el tercero se refiere a una colisión entre el derecho a la vida y el derecho a la libertad religiosa (caso de *niño Marcos*); el cuarto tiene que ver con una colisión entre la libertad de expresión de un profesor, incluida la libertad de cátedra, y la protección de convicciones religiosas de una institución confesional, que forma parte de la libertad religiosa (caso *Lombardi Vallauri*).[17]

En lo que sigue, solo me referiré, a título ilustrativo, al conflicto normativo entre el derecho a la libertad de expresión y el derecho al honor y lo haré de manera general, es

---

14 *Ídem.*

15 *Ídem.*

16 *Ídem.*

17 *Ídem.*

decir, sin entrar en los detalles particulares de los casos que comenta Moreso. Ello bastará para mis propósitos.

Permítaseme retomar mi reflexión crítica con una constatación algo abrupta. Este enfoque me permitirá ir directamente al corazón de las equivocaciones e inconsecuencias (por lo menos, desde el parámetro de iuspositivismo) que me propongo elucidar. La constatación consiste en que, en el tópico que nos ocupa, hay una asunción tan corriente como equivocada y, en cualquier caso, contraria al postulado del iuspositivismo de acuerdo con el cual la existencia y contenido del Derecho es contingente y, por ende, variable. La referida asunción se traduce en a afirmación o, simplemente, en a suposición *a priori* (i.e., con independencia de las previsiones concretas de un orden jurídico determinado) de que los derechos fundamentales (constitucionalmente consagrados) son principios, en el sentido de que, a diferencia de las reglas, poseen condiciones abiertas de aplicación en su antecedente, de modo que no hay un conjunto de condiciones finitas, necesarias y suficientes que determine la solución normativa del consecuente (conducta deónticamente calificada), de manera que, para establecer si ha de aplicarse o no el consecuente, tendrá que efectuarse una ponderación (y no un razonamiento subsuntivo)[18]. Moreso

---

[18] Así, por ejemplo, Ángeles Ródenas afirma: «El derecho a la vida, el principio de igualdad, los derechos de libertad de expresión y a la información, los derechos al honor y a la intimidad, son todos ellos principios en sentido estricto» (Ródenas, 2015: 18-19). Un principio en sentido estricto es definido como una norma que «—a diferencia de lo que ocurre con las reglas de acción y de fin— el caso [genérico] no se halla configurado de mediante propiedades genéricas independientes del contenido de la norma, pero —al igual que sucede con las reglas de acción— la conducta modalizada deónticamente en su solución normativa consiste en la realización (u omisión)» (*ibídem*: 18). Los principios en sentido estricto se diferencian de los principios entendidos como directrices por el hecho

parece suponer algo de este tenor en el trabajo objeto de estas reflexiones (volveré sobre esta cuestión más abajo).

Al menos desde el marco del iuspositivismo, esta asunción es un error manifiesto porque es perfectamente posible que en un OJ1 el derecho a la libertad de expresión esté regulado como un principio en el sentido recién definido, mientras que en un OJ2 esté regulado como un principio regulativo o imperativo, tal como lo ha definido, paradigmáticamente, Luigi Ferrajoli.[19] En un trabajo reciente,[20] he reconstruido las características que Ferrajoli atribuye a este tipo de principios distinguiendo su estructura y su fuerza normativa (más allá de su contenido). *Por lo que respecta a su estructura*, los derechos fundamentales categorizados como principios regulativos o imperativos poseen tres características esenciales: son universales, tienen condiciones cerradas de aplicación en su antecedente y operan bajo el modo de la subsunción. *En relación con su fuerza normativa*, cuando están consagrados en una fuente constitucional, son *inderogables* (o inalienables) e indisponibles; y con independencia de que provengan de una fuente constitucional o infraconstitucional, son inderrotables por principios morales no

de que en estos últimos «la conducta modalizada deónticamente en su solución normativa no consiste en la realización de una acción, sino en la producción de un estado de cosas en la mayor medida posible» (*ibídem*: 22). En su tipología de las normas, la autora remite a Atienza y Ruiz Manero (1996). En esta obra, los autores caracterizan a los principios (tanto en sentido estricto como a las directivas) por el hecho de que el caso genérico está configurado de manera abierta (a diferencia de las reglas, cuyo caso genérico está configurado de manera cerrada). Lo distintivo de los principios como directrices se halla en que tanto sus condiciones de aplicación (caso genérico) como la conducta de la solución normativa están configurados de manera abierta (Atienza Ruiz Manero, 1996: 9 y 12).

19 Ferrajoli (1998 y, principalmente, 2010).

20 Sucar (2023).

consagrados jurídicamente. A mi juicio, Ferrajoli, aunque desde una posición claramente minoritaria, comete el error inverso: asume que, en todos los ordenamientos jurídicos de las democracias liberales posteriores a la Segunda Guerra Mundial las constituciones son rígidas y que los derechos de igualdad y libertad (entre los que se encuentran la libertad de expresión y el derecho al honor) son principios regulativos o imperativos. Pero, nuevamente: es posible que, en cierto ordenamiento jurídico, OJ1, la tortura judicial, por caso, esté regulada como un principio regulativo o imperativo, es decir, para decirlo brevemente, de manera absoluta o irrestricta, sin que sea posible establecer excepciones bajo ningún tipo de circunstancias, y que, en otro ordenamiento jurídico, OJ2, esté regulado como un principio sujeto a ciertas excepciones, ya sean previstas por la propia constitución, ya sean libradas a la ponderación del legislador o del poder jurisdiccional. En el primer supuesto, la constitución habrá resuelto por adelantado un posible conflicto normativo. En el segundo, deberán hacerlo los legisladores o los jueces de manera discrecional a través de un ejercicio ponderación (y/o argumentación) que tendrá carácter moral (o político-moral), en la medida en que deberán establecer las propiedades relevantes que justifiquen la excepción en términos de principios morales o político-morales: estarán, pues, en un escenario similar al del ejemplo inicial de Moreso sobre el deber moral de cumplir la promesas y deber moral de no matar.

Evidentemente, podemos adoptar diferentes posturas o actitudes ideológicas tanto en relación con la jerarquía o estructura o fuerza normativa que un ordenamiento jurídico acuerde a los derechos fundamentales como en relación con la estrategia que un ordenamiento jurídico adopte para resolver los conflictos normativos (por adelantado y rígidamente o de forma delegativa y abierta a la discrecionalidad bajo la forma de un razonamiento moral). No obstante, para el modelo iuspositivista tales posturas o actitudes no solo son distintas a la identificación del Derecho, sino que incluso presuponen la previa identificación del derecho.

De lo expuesto sobre mi constatación, creo poder concluir y ampliar mis consideraciones en los siguientes términos:

1) En el ámbito jurídico, el contenido o materia del derecho (o de la obligación) no prejuzga sobre su estructura y fuerza normativa; esto es algo completamente contingente y, por ende, variable. No hay algo así como una estructura y fuerza normativa ontológicamente determinadas por el contenido o materia del derecho; o, por lo menos, no es admisible asumir esto en el marco del iuspositivismo.

2) En relación con el punto precedente, una de las tareas de la dogmática y de la teoría del Derecho es elaborar una tipología de las normas suficientemente rica como para dar cuenta de la variedad de regulaciones que, en general, suelen contener los diversos ordenamientos jurídicos. Se trata de una tarea de reconstrucción teórica (y no una descripción de entidades ontológicamente dadas), reconstrucción que, por lo demás, debe poder concordar o ajustarse a la materia prima o bruta que obró como su punto de partida o, lo que es equivalente, no debe ser discordante o conducir a reducciones o ampliaciones forzadas o a otro tipo de forzamientos en relación con dicha materia prima o bruta en aspectos relevantes de lo que con tales conceptos se pretende explicar o dar cuenta.[21] Así, por ejemplo, Ferrajoli, además de los derechos

21 Respecto al problema de la individuación de las disposiciones jurídicas (incluidas las normas jurídicas), véase Raz (1980: 95-119 y 173-180), donde no solo se presenta el problema y se analizan críticamente las principales propuestas de solución (las de Bentham y Kelsen), sino que, además, se proponen una serie de requisitos de adecuación para la formulación de los criterios de individuación

fundamentales que caracteriza como *principios regulativos o imperativos*, identifica otro grupo de derechos fundamentales que denomina *principios directivos o directivas* y que caracteriza como «[…] expectativas genéricas e indeterminadas, no de hechos, sino de resultados»,[22] o también como «mandatos de optimización, caracterizados por el hecho de que pueden ser cumplidos en diferente grado» y por «carecer de supuestos de hecho que hagan concebible su inobservancia».[23] Un ejemplo de este tipo de principios sería un derecho fundamental formulado en los términos, por ejemplo, del art. 9 de la Constitución italiana: «La República promoverá el desarrollo de la cultura y la investigación científica y técnica. Tutelará el paisaje y el patrimonio histórico y artístico de la Nación».[24] Como una suerte de categoría intermedia entre estos dos tipos de principios, Ferrajoli distingue a los *derechos sociales* que «[…] imponen al legislador la producción de leyes de actuación que introduzcan sus garantías primarias —como las normas sobre la escuela pública, el servicio sanitario gratuito

(«requerimientos limitantes» y «requerimientos guía»). Véase, asimismo, Alchourrón y Bulygin (1974), texto en el que se caracterizan las disposiciones jurídicas en términos de casos genéricos correlacionados con soluciones normativas (normas), casos genéricos correlacionados con casos genéricos (definiciones), y soluciones normativas correlacionadas con soluciones normativas (definiciones o normas). A nuestro juicio, estas definiciones satisfacen los requisitos de adecuación para la formulación de los criterios de individuación propuestos por Raz. Por otra parte, la caracterización de las normas de Alchourrón y Bulygin como la correlación de casos con soluciones normativas ha sido empleada también para caracterizar los principios jurídicos; véase, por ejemplo, Atienza-Ruiz Manero (1996: 711) y Ródenas (2015). Para un análisis crítico de la caracterización de Alchourrón y Bulygin de las disposiciones jurídicas, véase Gándara Autrique (2023).

22 Ferrajoli (2010: 37-38).

23 *Ibídem*: 38.

24 *Ídem*.

y similares—, obviamente sin poder precisar sus formas, la calidad ni el grado de protección: principios regulativos inderogables, por tanto, en lo que se refiere al *an* de su actuación legislativa, pero al mismo tiempo directivos en lo que se refiere al *quomodo* y al *quantum*, es decir, las formas y la medida de la actuación misma».[25]

---

25 *Ídem.* Estoy citando esta tipología de los derechos fundamentales (a título ilustrativo) porque permite ver con claridad que es posible diferenciar distintos tipos de derechos fundamentales según su estructura y su fuerza normativa. No es este el lugar para analizar si se trata de una tipología completa ni para discutir la caracterización de cada uno de los tipos de principios que incluye como reconstrucción de los diferentes tipos de derechos fundamentales. Lo que me interesa poner de relieve, en cambio, es que no comparto el aserto de Ferrajoli de acuerdo con el cual «todos los demás» derechos fundamentales —dejando de lado los que caracteriza como principios directivos o directivas y los derechos sociales— «como por ejemplo el de igualdad y los derechos de libertad, son, en cambio, regulativos, siendo materialmente posible, pero deónticamente prohibida, su inobservancia» (*ídem*). Como he señalado más arriba, no creo que sea posible afirmar en geneneral y *a priori* que en todos los órdenes jurídicos —aun restringiéndose a las democracias liberales con constituciones rígidas— todos los derechos de igualdad y libertad están formulados de modo que quepa reconstruirlos como principios regulativos o imperativos. La libertad de expresión, por jemplo, que es un típico derecho de libertad, en muchos órdenes jurídicos no puede ser reconstruido de esta manera, sino más bien como un principio que admite ciertas derogaciones excepcionales siempre y cuando estén bien justificadas. Para una crítica a este aspecto de la teoría de Ferrajoli permítaseme remitir a Sucar (2023). Por otra parte, cabe preguntarse cómo establecer si una determinada formulación normativa, al interpretarla, ha de ser reconstruida como una regla o como un principio y, más específicamente, en atención a los derechos fundamentales, cómo establecer si tal o cual derecho fundamental ha de ser reconstruido como tal o cual de los tipos de principios distinguidos de manera general en la tipología. Dado que aquí no puedo detenerme en detalle sobre esta cuestión, me limito a afirmar que, a grandes rasgos, ello puede depender: a) de la manera en que está redactada la formulación normativa, en el sen-

3) La identificación del Derecho no solamente es relativa al contenido de las normas jurídicas. Si concebimos a las normas jurídicas como enunciados condicionales cuyo antecedente está conformado por un conjunto de propiedades (fácticas o normativas) y el consecuente como una conducta genérica deónticamente calificada correlacionada con dicho antecedente,[26] podemos convenir en llamar *contenido* a ambos elementos de dicha correlación. Ahora bien, si tenemos una visión holista o sistemática de las normas jurídicas, su identificación no puede agotarse en su contenido. En una reconstrucción sistemática, la identificación de la calificación jurídica de las conductas deberá tomar en consideración también otros elementos, entre ellos los referidos a la estructura y la fuerza normativa de los principios regulativos o imperativos —o, por contraposición, de los principios directivos o directivas, o de los derechos sociales— mencionados más arriba y, en relación con esta cuestión, las jerarquías entre ellos, las relaciones de aplicabilidad, etc. Es necesario identificar todos estos elementos —tal como se encuentran configurados en determinado orden jurídico— antes de establecer si hay o no conflicto en-

---

tido que surge claramente de sus términos que solo puede tratarse de una regla o de un principio y, en su caso si se trata de un derecho fundamental, más precisamente, de qué tipo de principio; b) por la relación sistemática entre normas según la interpretación de sus respectivas formulaciones normativas, de modo que no queden dudas de que entre tales normas hay ciertas relaciones jerárquicas, excepciones de una a otras, etc.; o c) de que exista una metanorma o metaestándar en el orden jurídico que prescriba o aclare, respectivamente, cuál es el estatus de ciertas normas y, específicamente, el estatus de los derechos fundamentales en lo que respecta a su estructura y contenido. Sobre este último punto, c), véase lo dicho más abajo en el punto 6).

26 Alchourrón y Bulygin (1974); con alguna ligera modificación: mi inclusión de las propiedades normativas como componente del antecedente.

tre normas o entre derechos fundamentales. Asimismo, será necesario identificar el modo en que el orden jurídico de que se trate prevé la resolución de los conflictos normativos.

4) Un orden jurídico puede, entre otras posibilidades, prever la resolución de los eventuales conflictos normativos entre derechos (u obligaciones) por adelantado o delegar su solución a la discrecionalidad de los legisladores o del poder judicial. Un orden jurídico podría incluso no prever ningún mecanismo para su resolución.

5) Veamos algunas de las distintas posibilidades de configuración de un orden jurídico en relación con los derechos fundamentales, considerando su estructura y su fuerza normativa, la posibilidad o no de conflicto normativo, así como el tipo de conflictos normativos posibles. Voy a suponer que se trata de derechos fundamentales establecidos en la constitución.

Una primera posibilidad es que un orden jurídico enuncie y regule a todos los derechos fundamentales como principios regulativos o imperativos, estableciendo, además, una jerarquía entre ellos a fin de evitar los posibles conflictos normativos. En efecto, en este escenario, a menos que también se establezca una jerarquía entre los diversos derechos fundamentales, habrá un conflicto normativo entre ellos siempre que un caso quede comprendido en más de un principio con soluciones normativas incompatibles. Así, por ejemplo, si la libertad de expresión es regulada como un principio regulativo y el derecho al honor también, en el caso de una afectación al honor realizada mediante el ejercicio de la libertad de expresión habrá un conflicto normativo entre ambos derechos, como puede advertirse en esta reconstrucción: N1: «Bajo toda circunstancia es obligatorio, para toda persona, respetar la libertad de expresión»; N2: «Bajo toda circunstancia es obligatorio, para toda persona, respetar el honor». Aquí el conflicto normativo se da entre dos principios absolutos (es decir, principios que no admiten excepciones en su aplicación).

Otra posibilidad es que un orden jurídico regule algunos derechos fundamentales como principios regulativos o imperativos y algunos otros, en cambio, como principios susceptibles de ser derogados parcialmente en circunstancias excepcionales y bien justificadas. Podemos llamar *flexibles* a este segundo tipo de principios (por contraposición con los principios absolutos). En esta configuración, los derechos fundamentales que cabe reconstruir como principios flexibles no pueden entrar en conflicto normativo con los que cabe reconstruir como principios absolutos, dado que estos últimos no admiten excepciones, de modo que los derechos fundamentales *flexibles* son los que han de ceder, evitándose así por adelantado el conflicto normativo entre estos dos tipos de principios. Ahora bien, en esta configuración es posible discriminar por lo menos tres posibilidades para los derechos fundamentales que cabe reconstruir como principios flexibles: a) que la propia constitución del ordenamiento jurídico establezca las excepciones a que están sujetos;[27] b) que se delegue la introducción de excepciones en el legislador;[28] y c) que se delegue la introducción de excep-

---

[27] Ferrajoli ofrece el siguiente ejemplo: «el artículo 20.4 de la Constitución española, en el que se establece que "estas libertades tienen su límite en el respeto a los derechos reconocidos en este Título... y, especialmente, en el derecho al honor, a la intimidad, a la propia imagen"; o por el artículo 21, apartado 3 de la Constitución italiana, que incluso prevé la posibilidad de que algunos actos de ejercicio de la libertad de manifestación del pensamiento, por ejemplo las injurias o la difamación, se configuren como "delitos"» (Ferrajoli, 2006: 87).

[28] Ferrajoli nos suministra también un ejemplo: «"el derecho de huelga", afirma [...] el artículo 40 de la Constitución italiana, "se ejerce en el ámbito de las leyes que lo regulan"; "la ley que regule el ejercicio de este derecho", dice a su vez el artículo 28.2 de la Constitución

ciones en los órganos jurisdiccionales. Para la hipótesis de que i) ni la propia constitución ni las leyes establezcan las excepciones en el derecho fundamental que las admite, y ii) este derecho entre en conflicto normativo con otro derecho fundamental de la misma especie (i.e., flexible, pero cuyas excepciones no estén especificadas ni por la constitución ni por las leyes), el órgano jurisdiccional competente (en el caso de lo que lo haya) deberá establecer discrecionalmente las excepciones a uno u otro de ellos a través de un ejercicio de ponderación político-moral. En este supuesto, estará resolviendo un conflicto normativo entre dos principios flexibles (cuyas excepciones no están determinadas ni por la constitución ni por las leyes).

Otra posibilidad, es que el ordenamiento jurídico regule a todos los derechos fundamentales como principios flexibles, ya sea a) que respecto de todos ellos las excepciones estén establecidas en la propia constitución o en las leyes; b) que solo respecto de algunos de ellos las excepciones estén establecidas en la propia constitución o en las leyes; o c) que respecto de ninguno de ellos las excepciones estén establecidas en la propia constitución o en las leyes. En una configuración de este tipo, solo podrá haber contradicciones entre derechos fundamentales flexibles cuyas excepciones no han sido establecidas ni por la ley ni por la constitución.

6) De acuerdo con la tesis de los límites, el derecho puede resultar indeterminado. Por lo tanto, en relación con los escenarios presentados en el punto anterior, solo hay tres posibilidades: a) que el Derecho establezca clara y precisamente cuál es fuerza normativa de los derechos fundamentales; b) que no lo establezca en absoluto; c) que lo haga de manera no clara o no precisa, esto es, de ma-

---

española, "establecerá las garantías precisas para asegurar el mantenimiento de los servicios esenciales de la comunidad"» (*ídem*).

nera indeterminada. Dos precisiones son aquí necesarias. La primera es que, cuando digo que el derecho «establezca» (o «no establezca») cuál es la fuerza normativa de los derechos fundamentales, me refiero exclusivamente a los estándares (promulgados o consuetudinarios) que tienen origen en una fuente válida del orden jurídico de que se trate, esto es, principalmente, reglas y principios, pero también otros textos que no quepa reconstruir como reglas ni principios, sino, por ejemplo, como definiciones o meras expresiones de deseos o la plasmación de objetivos o intenciones del constituyente o del legislador, etc. que tengan origen en alguna fuente válida. La segunda se refiere a la expresión «clara y precisamente» (o «de manera no clara o no precisa») referida a lo establecido por el Derecho, esto es, por los estándares jurídicos que tienen origen en una fuente válida. La claridad y precisión o la falta de claridad y/o precisión de los estándares jurídicos obedecen —en el marco del modelo iuspositivista normativista y convencionalista— fundamentalmente a problemas de tipo semántico. Digo «fundamentalmente» porque los problemas de tipo semántico pueden generar —o confluir con— problemas de índole valorativa cuando los estándares jurídicos expresan conceptos de índole valorativa (morales, políticos, etc.). De este modo, cuando me refiero a la posibilidad de que el Derecho no establezca de manera clara y/o precisa cuál es la fuerza normativa de los derechos fundamentales, quiero decir que ello es una consecuencia de que alguno o varios de los estándares jurídicos que contemplan esta cuestión dejan dudas porque presentan problemas de tipo semánticos y/o valorativos al respecto. Sin embargo, asumo que normalmente tendrían que tratarse solo problemas de tipo semántico porque los estándares relativos a la fuerza normativa —según supongo— tienen que prescribir si estos han de ser aplicados de manera irrestricta o no, y para ello no parece necesario, por lo menos en principio, la introducción de conceptos valorativos. Sea ello como fuere, en todas las hipótesis (i.e., que se trate solo de problemas de tipo semántico, solo de tipo valorativo o de ambos tipos), para el modelo iuspositivista normativista y convencionalista se trataría de un supuesto de discrecionalidad (tanto respecto del legislador como de los órganos jurisdiccionales). Por lo demás, dado que rechazo la posibilidad de un escepticismo semántico radical, solo podría tratarse de una indeterminación semántica parcial.[29] En suma, el establecimiento por parte del Derecho de cuál es la fuerza normativa de los derechos fundamentales en cierto orden jurídico está dado —en esta reconstrucción teórica— en la forma de una metanorma (o metaestándar) o un conjunto de metanormas (o metaestándares) de dicho orden jurídico que tienen como lenguaje objeto tales derechos fundamentales y que especifican (prescriptivamente) su fuerza normativa. Y tal metanorma o conjunto de metanormas pueden resultar indeterminados por las razones indicadas. Por último, estimo que el supuesto b) puede ser considerado como un caso extremo o límite de indeterminación.

7) Es necesario distinguir la identificación del Derecho del posicionamiento ideológico que el Derecho identificado nos suscite (valoración, justificación o crítica). En particular, la identificación del Derecho no puede tener válidamente ninguna implicación valorativa o práctico-normativa ni para un dogmático o un teórico, ni para un operador jurídico (legislador, en su tarea legislativa, o abogado, juez, etc., en el marco del proceso judicial). En efecto, un operador jurídico, en el marco del desempeño de las tareas de producción del Derecho (creación o aplicación) tiene que cumplir —en la medida en que el ordenamiento jurídico

---

29 Véase Sucar (2008: principalmente, 362-375).

así se lo exija— una tarea teórica de identificación del Derecho (de su ámbito de competencia y/o jurisdicción). Sin embargo, su tarea no se agota ahí, puesto que, sobre la base las normas que ha identificado como válidas, ha de realizar una propuesta de ley o de decisión o adoptar una ley o tomar una decisión. Dicho de otro modo, su actividad consiste en llevar a cabo un razonamiento práctico-normativo del que la identificación constituye solo una parte. Ahora bien, en el marco de este razonamiento práctico-normativo, *en el plano justificatorio* (y, por ende, *normativo*), bien podría considerar que el Derecho, tal como surge de la tarea de su identificación, es objetable desde el punto de vista prudencial, moral o político, de modo que, tal vez, por lo menos bajo ciertas circunstancias, sea posible concluir que hay razones (prudenciales, morales o políticas) para no aplicarlo tal como ha sido identificado. Dar cuenta de una situación como esta es perfectamente posible y compatible con los postulados del iuspositivismo tal como lo hemos caracterizado. Específicamente, porque, tal como lo hemos definido, no implica ni la tesis de la conexión justificatoria ni la tesis de la no conexión justificatoria entre el Derecho y la moral, dicho esto en el sentido de que es neutro respecto a ambas tesis.

8) Cabe distinguir nítidamente entre la identificación de las distintas configuraciones del Derecho (o de su indeterminación), de una propuesta de configuración del Derecho. Siguiendo a Frederik Schauer,[30] podemos llamar *atrin-*

---

30 Schauer (1991). Schauer distingue dos modelos de toma de decisiones según cómo se reaccione cuando las instanciaciaciones que concretan las reglas se enfrentan a *experiencias recalcitrantes*, es decir, aquellas que indican resultados diferentes a los señalados por la aplicación directa de sus justificaciones subyacentes. En la forma de toma de decisiones que se desenvuelve según el *modelo comunicacional*, esas experiencias recalcitrantes se resuelven en favor de la justi-

cherados a los órdenes jurídicos que regulan a los derechos fundamentales como principios regulativos o imperativos (o absolutos) y *comunicacionales* a aquellos que contienen derechos fundamentales regulados como principios flexibles cuyas excepciones no están ni constitucional ni legalmente determinadas. Simétricamente, podemos hablar de *propuestas de configuración atrincheradas* o *comunicacionales* en relación con los derechos fundamentales.

Si me esfuerzo en enfatizar todos estos puntos es porque, de manera masiva, en la bibliografía, aun en la de corte iuspositivista, han dejado de ser obvios.

Con antelación se hizo referencia a que Moreso parece asumir que ciertos derechos (por lo menos todos los que ilustran los casos que comenta) poseen *a priori* ciertas características, en particular los rasgos propios de los principios (entendidos como tipos de normas opuestas a las reglas). Al introducir el enfoque especificacionista que defiende, afirma lo siguiente:

> [...] creo que es mejor pensar en un modo de configurar la ponderación que la considera un paso previo a la subsunción. Una vía según la cual la ponderación es la operación que permite pasar de las normas que establecen derechos fundamentales, que tienen la estructura de principios —pautas con las condiciones de aplicación abiertas—, a reglas —pautas con las condiciones de aplicación clausuradas—, con las cuales es posible llevar a cabo la sub-

---

ficación subyacente de la regla, y la instanciación es modificada en el momento de su aplicación para adecuarse a la justificación subyacente. En el *modelo atrincherado*, en cambio, la instanciación persiste y, para un decisor que sigue este método de toma de decisiones, el hecho de la existencia de la instanciación suministra una razón para alcanzar una decisión de acuerdo con lo que ella exige, aun cuando la decisión indicada difiera de la que se habría alcanzado por aplicación directa de la justificación subyacente de la regla.

sunción, en el ámbito de un problema normativo determinado.[31]

Como puede verse sin dificultad, el punto de partida del enfoque de Moreso es considerar a los derechos fundamentales en conflicto como principios (en el sentido de opuestos a las reglas) —o principios flexibles, como los hemos llamado aquí— para luego, *a través de un ejercicio de ponderación*, «transformarlos» en reglas (que operan bajo el modelo de la subsunción). Esta «transformación» es el resultado de cinco etapas.[32] Enseguida diré algo sobre alguna de estas etapas, pero lo que ahora me parece primordial poner de manifiesto es que este ejercicio de ponderación es un razonamiento de tipo moral. Ahora bien, aun si este fuera muy corriente en muchos ordenamientos jurídicos (y aunque lo fuera contingentemente en todos los ordenamientos jurídicos), este escenario no es el único concebible. Dicho de otro modo, este escenario solo existe bajo ciertas condiciones como las siguientes: a) que el putativo conflicto normativo entre derechos fundamentales no esté resuelto por adelantado por el ordenamiento jurídico; b) que en dicho ordenamiento jurídico ambos principios estén enunciados y regulados como principios flexibles; c) que exista delegación al poder jurisdiccional para resolver el conflicto normativo entre tales derechos discrecionalmente bajo la forma de un razonamiento moral. Ahora bien, la estrategia especificacionista solo cobra sentido en un escenario de este tipo, al igual que los dos enfoques rivales, el particularismo y el proporcionalismo. *Si esta aclaración me parece importante e incluso muy importante es porque ha dejado de ser obvia, incluso para los iuspositivistas.*

---

31 Moreso (2023).

32 *Ídem.*

Pensar, suponer o afirmar, sin más, y en general, que los derechos fundamentales son objeto de ponderación y, por ende, están abiertos al razonamiento moral, como si fuese una característica intrínseca de los mismos —y, como consecuencia de ello, también del Derecho como instancia social— es absolutamente incompatible con el iuspositivismo. Lo mismo cabe decir de una posición inversa como la de Ferrajoli, a la que he hecho herefencia más arriba: la mayoría de los derechos fundamentales son principios regulativos o imperativos. *Es curioso, pero indudable, que esto ha dejado de ser obvio.*

Para terminar, formularé una observación puntual a la estrategia especificacionista relativa a las etapas tercera y cuarta.

La primera etapa de la estrategia especificacionista es la de la delimitación del problema normativo y, más específicamente, del universo de discurso (en la terminología de Alchourrón y Bulygin). Esto tiene la virtud de reducir el conjunto de acciones humanas relevantes. Así, por ejemplo, en el caso *Titanic* el universo de discurso se limita a las acciones de los medios de comunicación sobre asuntos que afectan a las personas.[33]

La segunda etapa «consiste en la identificación de las pautas *prima facie* aplicables al ámbito de acciones», donde son aplicables —en el caso citado— el principio que establece la libertad de expresión e información y el principio que protege el derecho al honor.[34]

La tercera etapa tiene que ver con:

> [...] la consideración de determinados casos paradigmáticos, reales o hipotéticos, del ámbito normativo previa-

33 *Ídem*, y Alchourrón y Bulygin (1974).

34 Moreso (2023)

> mente seleccionado en la primera etapa. Los casos paradigmáticos tienen la función de constreñir el ámbito de reconstrucciones admisibles: solo son admisibles aquellas reconstrucciones que reconstruyen los casos paradigmáticos adecuadamente. Los casos paradigmáticos constituyen el trasfondo, a menudo inarticulado, en el cual el razonamiento práctico tiene lugar. En el problema normativo delimitado en la primera etapa a modo de ejemplo, podríamos considerar como paradigmáticos casos como los siguientes: a) publicar la noticia falsa, sin comprobación alguna de su veracidad, de que el arzobispo de Barcelona está implicado en una trama de prostitución infantil es un ejemplo de un supuesto en el cual la libertad de información cede ante el derecho al honor y b) publicar la noticia verdadera de que, por ejemplo, un ministro del gobierno ha cobrado diez millones de euros de cierta empresa a cambio de la concesión para construir una autopista es un supuesto en el que la libertad de información desplaza al derecho al honor.[35]

En la cuarta etapa se establecen las propiedades *relevantes* del universo de discurso en consideración, operación que ha de posibilitar la determinación de las soluciones normativas.[36] «En nuestro supuesto son claramente relevantes las siguientes propiedades: la relevancia pública de la noticia, que la noticia sea veraz (tal como ello es entendido por muchos altos tribunales, que sea verdadera o, si falsa, diligentemente contrastada), y que la noticia no sea injuriosa».[37]

Creo que, en realidad, la identificación de las propiedades relevantes está ya presente en el momento en el que se han considerado o resuelto los casos paradigmáticos (hipotéticos o reales), es decir, en la tercera etapa. Sin la iden-

---

35 *Ídem.*

36 *Ídem.*

37 *Ídem.*

tificación de las propiedades relevantes no habría ningún criterio para considerar a tales casos como paradigmáticos. Si son paradigmáticos, es simplemente porque hay cierto consenso o porque se ha impuesto el criterio de que tales y cuáles son las propiedades relevantes para establecer el ámbito de aplicación de cada uno de los derechos en cuestión. Así, por ejemplo, la publicación de la noticia falsa, sin comprobación alguna de su veracidad, pero realizada sin mala fe (esto es, sin consciencia de su falsedad), podría no ser considerada un ejemplo de un supuesto en el cual la libertad de información cede ante el derecho al honor si, por ejemplo, pretendiera protegerse especialmente a los niños de conductas prohibidas penalmente que se reputan muy expandidas y difíciles de comprobar. De esta manera, las propiedades relevantes que Moreso menciona en relación con sus ejemplos sobre libertad de expresión en la cuarta etapa, a saber, la relevancia pública de la noticia, que la noticia sea veraz y que la noticia no sea injuriosa ya están presentes en los casos paradigmáticos, es decir, en la tercera etapa. En la cuarta etapa, por lo tanto, no se establecen las propiedades relevantes, sino que se las *extrae* de los casos paradigmáticos. Sin duda, es posible que en la cuarta etapa se agreguen otras propiedades relevantes distintas a las que surgen de los casos paradigmáticos. En este último supuesto sí estarán estableciéndose las propiedades relevantes. En cualquier caso, queda claro que el establecimiento de propiedades relevantes (ya sea en la tercera y/o en la cuarta etapa) constituye un ejercicio de ponderación moral de los jueces que, por hipótesis, se desenvuelve más allá de las regulaciones jurídicas, escenario que solo puede tener lugar bajo las específicas condiciones a) y c) indicadas más arriba.

La quinta y última etapa es el momento de la formulación de las reglas que resuelven de modo unívoco todos los casos del universo de discurso.[38] En relación con sus ejemplos, Moreso formula las dos siguientes reglas que considera «indiscutidas»:

> R1: Las informaciones de relevancia pública, veraces y no injuriosas están permitidas.
>
> R2: Las informaciones que no son de relevancia pública o carecen de veracidad o son injuriosas están prohibidas y, en el caso de que se produzcan, generan un derecho a ser indemnizado.[39]

De lo expuesto se infiere claramente que estas reglas son el producto de un ejercicio de ponderación político-moral realizado ante la ausencia de previsiones constitucioanles o legales que establezcan el ámbito de aplicabilidad de los derechos fundamentales en juego —como en los casos considerados, el derecho a la libertad de expresión y el derecho al honor—, resolviendo por adelantado un posible conflicto normativo. En suma, la argumentación moral no aparece en los conflictos normativos de manera necesaria, como si fuese una característica íntrínseca y propia de su naturaleza. En todo caso, como he tratado de mostrar, esta no es una visión compatible con el iuspositivismo. Ello, evidentemente, sin perjuicio de los problemas de indeterminación conceptual o valorativa que pueden presentarse al interpretar las formulaciones normativas y que dan lugar a un ejercicio de ponderación político moral, habitualmente por parte de los órganos jurisdiccionales.

Si en el notable trabajo de José Juan Moreso no se incurre en propósitos incompatibles con el iuspositivismo que él mismo adopta —como por momentos me he planteado—, espero que, de todos modos, estas páginas sirvan

---

[38] *Ídem.*

[39] *Ídem.*

para clarificar el marco conceptual que debe presidir el análisis de los conflictos normativos entre derechos desde dicho modelo teórico. Para ello —como espero que haya podido apreciarse—, he tenido que rescatar muchas obviedades del olvido.

BIBLIOGRAFÍA

Alchourrón, Carlos E. y Bulygin, Eugenio (1974): *Introducción a la metodología de las ciencia jurídicas y sociales*, Buenos Aires: Astrea.

Atienza, Manuel y Ruiz Manero, Juan (1996): *Las piezas del derecho*, Barcelona: Ariel.

Bayón, Juan Carlos (2002): «El contenido mínimo del positivismo jurídico», en V. Zapatero Gómez (coord.), *Horizontes de la filosofía del derecho: Homenaje a Luis García San Miguel*, Alcalá de Henares: Publicaciones de la Universidad de Alcalá, v. 2, pp. 33-54.

Bobbio, Norberto (1965): *El problema del positivismo jurídico*, Buenos Aires: Eudeba.

Ferrajoli, Luigi, (1998): «Derechos fundamentales», en *Los fundamentos de los derechos fundamentales*, Madrid: Trotta, 2001, pp. 19-56.

— (2006): *Garantismo. Una discusión sobre derecho y democracia*, Madrid: Trotta.

—(2011): «Constitucionalismo principialista y constitucionalismo garantista, en *Doxa. Cuadernos de Filosofía del Derecho*, 34, pp. 15-53.

Gándara Autrique, Paula (2023): «Alchourron, Carlos Eduardo, and Bulygin, Eugenio: Types of Legal Statement», en M. Sellers y S. Kirste (eds.), *Encyclopedia of the Philosophy of Law and Social Philosophy*, Springer: Dordrecht. Disponible en: <https://doi.org/10.1007/978-94-007-6730-0_1107-1>.

Hart, Herbert L. A. (1958): «Positivism and the Separation of Law and Morals», *Harvard Law Review*, 71 (4), pp. 593-629. Citado por la traducción castellana de Genaro Carrió: «El positivismo jurídico y la separación entre el derecho y la moral», en Herbert L. A. Hart, *Derecho y Moral. Contribución a su análisis*, Buenos Aires: Depalma, pp. 1-64.

— (1961): *The Concept of Law*, Oxford: Oxford University Press. Citado por la traducción castellana de Genaro Carrió: *El concepto de derecho*. Buenos Aires: Abeledo-Perrot, 1963.

— (1980): «El nuevo desafío al positivismo jurídico», *Sistema*, 36, pp. 3-18.

— (1994): «Postscript to *The Concept of Law*», en Herbert L. A. Hart, *The Concept of Law*, Oxford: Clarendon Press, pp. 238-276. Citado por la traducción castellana de Magdalena Holguín: «Postcriptum a El concepto de derecho», en Herbert L. A. Hart y Ronald Dworkin. *La decisión judicial. El debate Hart-Dworkin*, Santa Fe de Bogotá: Siglo del Hombre Editore-Universidad de Los Andes, 1997, pp. 89-141.

Moreso, José Juan (2002): «En defensa del positivismo jurídico inclusivo», en P.E. Navarro y C. Redondo (comps.), *La relevancia del derecho*, Barcelona: Gedisa, 2002, pp. 93-116.

— (2020): *Lo normativo. Variedades y variaciones*, Madrid: Centro de Estudios Políticos y Constitucionales.

— (2023): «Maneras de resolver los conflictos entre derechos: una estrategia especificacionista», *La interpretación y aplicación de los derechos humanos en sede judicial. Memoria del Coloquio Hispano-Americano del Filosofía del derecho,* México: Tirant Lo Blanch-Poder Judicial del Estado de México.

Raz, Joseph, (1980): *The Concept of Legal System. An Introducction to the Theory of Legal Systems,* Oxford, Clarendon Press; la primera edición data de 1970. Citado por la traducción castellana de Rolando Tamayo y Salmorán: *El concepto de sistema jurídico. Una introducción a la teoría del sistema jurídico,* México: UNAM, 1986.

— (1979): *The Authority of Law. Essays on Law and Morality,* Oxford: Clarendon Press. Citado por la traducción castellana de R. Tamayo y Salmorán: *La autoridad del derecho. Ensayos sobre el derecho y la moral,* México: Universidad Nacional Autónoma de México, 1982.

Ródenas, Ángeles (2015): «Normas regulativas: Principios y Reglas«, en D. González Lagier (coord.), *Conceptos Básicos de Derecho,* Madrid-Barcelona-Buenos Aires-San Pablo: Marcial Pons, pp. 15-25.

Schauer, Frederick (1991): *Playing by the Rules. A Philosophical Examination of Rule-Based Decision-Making in Law and in Life,* Oxford: Clarendon Press. Existe traducción castellana: *Las reglas en juego. Un examen filosófico de la toma de decisiones basadas en reglas en el derecho y en la vida cotidiana,* Madrid-Barcelona: Marcial Pons, 2004.

Sucar, Germán (2008): *Concepciones del derecho y de la verdad jurídica.* Madrid: Marcial Pons.

— (2019): *Derecho al silencio y racionalidad jurídica. Un estudio metodológico, dogmático y filosófico, desde una perspectiva comparatista en el plano nacional e internacional,* Valencia: Tirant Lo Blanch.

— (2023): «Estructura y fuerza normativa de los derechos fundamentales. Reflexiones críticas en torno a su concepción en el constitucionalismo iuspositivista garantista de Luigi Ferrajoli», en Ramón Ortega García (ed.), *Teorías del derecho y función jurisdiccional*, Tirant Lo Blanch México/Poder Judicial del Estado de México, pp. 43-86.

COMENTARIOS A LA CONFERENCIA DE JOSÉ JUAN MORESO

Pablo Ariel Rapetti*

Estoy lejos de ser un experto ni nada por el estilo, prácticamente, no soy un especialista en nada, pero este es un tema que no me queda cerca, así que todo lo que diré en relación con el trabajo de José Juan —tanto el que ha presentado por escrito como su ponencia— tiene algo de *outsider* absoluto, de pensar por fuera de una literatura extensísima que, lo confieso, no manejo ni mucho menos. Tras la excusa inicial, agrego la siguiente: yo iba leyendo el *paper* y lo mismo me pasó ahora, cuando escuchaba a José Juan: me decía «se me ocurre esto como un comentario, aquello otro como un comentario». Tengo que decir que vengo de una escuela de filosofía analítica argentina, española e italiana donde los seminarios entretenidos e interesantes son los que plantean discusión y tienen colmillos, aquellos en los que puede decirse «eso está mal por cual y tal razón», pero no tengo nada así de contundente que decir de José Juan, más bien lo contrario, como suele suceder con todo lo que escribe, que en general me parece muy convincente. Dicho esto, quisiera compartir con ustedes y con José Juan algunas sospechas que me generó la lectura y la escucha de su presentación.

---

* Doctor en derecho por la Universidad de Girona, España. Profesor de tiempo completo en el Instituto Tecnológico Autónomo de México. Conferencia disertada el 7 de septiembre de 2022, en la Escuela Judicial del Estado de México.

Tengo básicamente dos observaciones más o menos generales y tres puntos más detallados sobre el contenido de su ponencia.

El primero me exige empezar con una consideración muy general sobre el modo en que concibo uno de los aspectos de la reflexión filosófica. Pienso que una de las funciones de la filosofía —no necesariamente la única o la más importante, aunque creo que está claramente establecida— es dar sentido a las maneras en las que de un modo prerreflexivo entendemos el mundo que nos rodea, comprendemos nuestro modo de ser y estar, así como las cosas que hacemos en el mundo en que nos desenvolvemos. ¿Por qué digo esto? Porque uno de los insumos filosóficos por antonomasia —no el único, pero sí una de las materias primas con la que la filosofía trabaja en cualquier subdisciplina—, es el de las intuiciones, el modo en que intuitivamente nos relacionamos con el mundo y con las cosas que hacemos en él. Es algo sobre lo que la filosofía escarba para tratar de explicarnos de una manera más detalla y mejor articulada cómo se conjugan las intuiciones entre sí y se corresponden con la manera que más reflexivamente estamos dispuestos a evaluar, con el modo en que nos compartamos en el mundo. Esto quiere decir que a veces el resultado de un examen filosófico consiste en demostrar que teníamos intuiciones equivocadas, pero otras veces consiste en explayarlas o detallarlas y presentarlas en un marco de conjunción de unanimidad y, yo diría, como regla metodológica filosófica. La tendencia tiene que consistir en orientar la búsqueda en el sentido en nuestras intuiciones: puede que concluyamos que nuestras intuiciones estaban mal, pero tanto mejor si podemos mostrar que tenían un sentido, que nuestro acercamiento intuitivo a eso lo que nos interesa no era ni ridículo o absurdo.

¿Por qué este prolegómeno? Yo tengo la intuición y, por ende, tiendo a pensar que todo el mundo la tiene como una cuestión de sentido común, que nuestro acercamiento intuitivo, nuestra comprensión intuitiva del mundo, de los derechos, su modo de funcionamiento y, por ende, las relaciones que se pueden darse entre los derechos de las personas supone el conflictivismo. Me parece que en nuestra comprensión intuitiva de los derechos y de cómo funcionan supone que, en efecto, los derechos pueden entrar en colisión, a veces mi derecho entra en conflicto con el tuyo y la resolución de la controversia supone, de alguna manera, la imposición de uno sobre el otro, mal que le pese a la contraparte. Tengo la impresión de que, de esta manera preanalítica y reflexiva, entendemos muy mínimamente el modo en que los derechos funcionan. Claro, esto al menos *prima facie* supone un cierto problema para las concepciones especificacionistas que José Juan nos ofrece, porque el especificacionismo concluye que, en realidad, no hay conflictos entre derechos en sentido estricto.

Considerando el alcance específico de cada derecho en un aparente conflicto de derechos, resulta que, si la especificación de cada uno de ellos para el caso concreto ha sido la adecuada, entonces en realidad no ha habido conflicto: el alcance de uno cubría ese caso y el otro era nada más que una aparente o presunta alternativa, pero no un derecho que en efecto cubría ese caso. Digo esto primero como una apreciación muy genérica acerca de la posición especificacionista.

En segundo término, me parece que hay otra intuición de la que, en principio, el especificacionismo tampoco ofrece una explicación intuitiva, por así decirlo; esta es la idea residuo. Judith Jarvis Thomson, por ejemplo, ha trazado una distinción entre aquellos casos en los que se *viola* el derecho de una persona y aquellos casos en donde *se infringe* el derecho de una persona y, básicamente, la distinción viene dada por el hecho de que exista o no una justificación para ese acto. Por tanto, un acto es violatorio cuando sin justificación se vulnera el contenido de ese derecho, mientras que se infringe un derecho cuando se actúa de una manera tal que se infringe el contenido de ese derecho, pero media una forma de justificación o de excusa. En particular, hasta donde conozco la literatura establecida —que como dije, es muy poco—, esto ha abierto una discusión sobre el modo de fundamentar los deberes de compensación. En muchos casos, la infracción o violación de un derecho da lugar a que uno tenga el deber de compensar por lo que ha hecho, pero claro, en ocasiones se tienen deberes de compensar —en principio— cuando se ha violado el derecho de alguien más o, en todo caso, se tiene el deber de responder de alguna manera cuando uno mata a otra persona: el autor no tiene mucha compensación que ofrecer, pero tiene que sufrir un castigo. No obstante, a veces resulta que también hay deberes de compensación por la infracción de un derecho: yo hago algo que, en principio, va en contra del derecho de alguien y tal vez estaba justificado en hacerlo y tal vez por hacer algo que estaba justificado no debo sufrir un castigo superior, pero en ocasiones sí que tengo que ofrecer alguna clase de reparación. En el mundo jurídico, esto pasa una y otra vez.

Aquí se abre la cuestión de cómo dar cuenta desde la perspectiva especificacionista de esta posible dualidad de situaciones. ¿Por qué digo esto? Porque pareciera, al menos en principio, que desde el punto de vista del especificacionismo no hay una distinción entre violación o infracción: todo acto que va en contra del derecho de una persona es una violación de su derecho y no, en cambio, una infracción, y esto no solo no nos permite trazar esta distinción —que en principio parece que tiene sentido y es razonable—, sino que, a su vez, implica la necesidad ulterior de dar cuenta de cómo funcionan los deberes de compensación. Además, hay otros segundos sentidos en los que, me parece, el especificacionismo debería ofrecernos una explicación de este fenómeno del residuo y que creo es tal vez la más clásica: la idea del residuo moral de nuestras acciones. Esta cuestión se ha analizado en el marco de la literatura de los dilemas morales trágicos. Un ejemplo que me parece fantástico es el que ha aportado por el propio José Juan, el caso del *niño Marcos*. Por lo menos desde el punto de vista de una persona que compartía la confesión religiosa del niño Marcos y de su familia, seguramente la situación era trágica, a nadie le parecía bien que el niño Marcos se muriera por la imposibilidad de recibir una transfusión de sangre, a muchas personas —como mínimo aquellos que comparten esa confesión de fe— no les parecerá bien que el niño Marcos esté en la situación de necesitar una transfusión cuando para ellos la transfusión es algo que no debe hacerse. Entonces, se adopte la vía que se adopte, es decir, se le haga o no la transfusión al niño, cualquier opción tiene algo de negativo; esta es la idea de residuo moral: de alguna manera, el mundo es moralmente peor después de que se ha decidido qué hacer con el niño Marcos —sea que se haya decidido hacer la transfusión o no hacerla—, dado porque ha habido que hacer algo que estaba mal.

Al menos en principio, esta es una idea que no encaja muy bien en el especificacionismo, pues si este es una buena reconstrucción de cómo son y cómo funcionan los derechos en su articulación recíproca, entonces parece que cuando yo cumplo con un derecho porque está debidamente especificado en una situación concreta, el derecho de una persona era el que cubría esa situación y la otra persona en aparente conflicto no tenía, en realidad, ningún derecho en juego de por medio. Entonces, al menos en principio, no hay residuo moral alguno, no hay por qué lamentar que la «prevalencia entre un derecho en esa situación de lugar a un residuo que haya que lamentar» justo porque la contraparte no tenía propiamente derecho alguno.

Paso al segundo de los puntos más generales a mencionar sobre el trabajo de José Juan, pues, como dijo en su ponencia, él confronta con el proporcionalismo que Alexy propone y lo hace bajo la premisa de tratar de escapar del fantasma del particularismo. El proporcionalismo alexiano está comprometido con el particularismo y, de alguna manera, lo que José Juan quiere es rescatar el papel y las consideraciones genéricas cumple el razonamiento práctico en general y en la adjudicación de derechos en particular. Por decirlo primero muy vagamente, tengo la sospecha de que el desacuerdo con el proporcionalismo alexiano es quizá más aparente que sustantivo o que es tal vez más de palabras que teóricamente profundo.

Para explicar esto, empiezo entonces introduciendo de nuevo una consideración muy general de la que no estoy muy convencido, es una hipótesis. Tengo la impresión que la propia idea de racionalidad como mínimo de racionalidad práctica exige la noción de norma, la noción de regla. Dicho de otro modo: nunca podemos decir que determinado acto, acción o conducta están justificados si no somos capaces al menos de reconstruirla como la instanciación de algo que por regla o norma se debe. Me da la impresión de que, si uno no puede decir «lo que yo hice está bien porque en tales o cuales condiciones eso es lo que se debe hacer», entonces nunca seré capaz de ofrecer una justificación al menos completa de aquello que hice. Esta es la intuición genérica de base.

Si esto fuese verdad, si esto realmente fuese así, entonces yo creo que el fantasma del particularismo es mucho menos acechante de lo que parece. En otros términos, temo que, si esto fuese así, entonces el particularismo es, o bien falso, o bien banalmente verdadero, aunque esta es tal vez una manea osada de exponerlo para la discusión. ¿Por qué? En una situación dada en la que tengo que elegir un curso de acción, puedo poner en consideración montones de elementos distintos, debo dejar entrar a mi casa a la persona que está llamando a mi puerta y que me ruega que le ayude porque afuera se viene una tormenta de nieve gigante. En ese contexto, uno puede poner en juego montones de consideraciones: ¿cuánta comida me queda para provisionarme durante la tormenta?, ¿en qué medida sé que, según las previsiones, se espera que dure la tormenta?, ¿cuánta confianza de primero mano me transmite la persona que toca a mi puerta?, ¿temo que pueda atacarme? Podría enumerar montones de consideraciones más que debería tener en cuenta para decidir si dejo entrar a la persona o no.

Lo que quiero decir es que, con independencia de cuántas consideraciones uno ponga sobre la mesa para ver si deja entrar o no a esa persona, es decir, a la hora de decidir si en efecto está justificado dejarla entrar o no, me parece que esa enumeración de condiciones es insuficiente: no es suficiente que yo ponga en juego una, dos, siete o mil quinientas consideraciones, sino que solo concluyo que está justificado dejar pasar a la persona cuando están establecidas todas esas condiciones y soy capaz de decirme a mí mismo: «bueno, dadas todas esas condiciones, debo, porque cualquiera otra persona en condiciones como las mías ahora, tendría que hacerlo; si yo no soy capaz de hacer este juicio de universalización o generalización, creo no tendría una justificación del curso de acción a adoptar»; me parece que, si esto es así, lo que sucede es que hay una manera de decir que, si el particularismo jamás exige la presencia de una regla a los efectos de lograr justificaciones, entonces el particularismo me parece obviamente falso. La lectura alternativa es que es banalmente correcto. ¿Cómo sería banalmente correcto el particularismo? Si uno reconoce que, a pesar que deba reunir la mayor cantidad de consideraciones posibles para saber qué curso de acción tomar, siempre se da —conscientemente o no— la mediación de una regla que diga: «mire, una persona en estas condiciones por muy detalladas que sean tiene el deber de actuar de esta o de aquella otra manera». Si esto fuese así, uno podría decir entonces: «El particularismo es banalmente correcto, pero no hay que preocuparse de más por él». Esta sería la idea.

Si esto es así, uno podría decir que el temor que expresa José Juan en su texto y su presentación sobre el compromiso que el proporcionalismo —la ponderación alexiana— tiene con el particularismo, no es, creo, un temor lo suficientemente relevante, no es un fantasma del que hay que escapar. En todo caso, José Juan ha señalado que el especificacionismo que propugna hace algunas concesiones al particularismo, porque la especificación de las condiciones bajo las cuales uno tiene un derecho en cierto contexto es también potencialmente infinita, justamente porque las consideraciones que pueden resultar relevantes para saber qué hacer son potencialmente infinitas —como lo es la potencialidad de la acción humana en general—. Claro, uno puede decir que en la estrategia especificacionista las consideraciones que son relevantes lo son porque primero están, de alguna manera, contenidas en alguna regla que hay que aplicar, pero justamente aquí viene una de las observaciones más específicas que quisiera hacer sobre el especificacionismo. Cuando José Juan presenta su razonamiento en cinco fases, nos dice que en la segunda fase hay que elegir las normas que son al menos potencialmente aplicables al caso y, por ende, los derechos que son al menos potencialmente aplicables al caso. Pero luego hay que seleccionar cuáles son las propiedades relevantes y mi pregunta es: ¿la cosa no debería ser al revés? Es decir, ¿no son las propiedades relevantes del caso las que nos dirán si tal o cual norma y, por ende, el derecho es atinente al caso o no lo es? Como ustedes saben, las normas, incluidas las que consagran derechos, establecen, al menos en muchos casos, que para un cierto de contexto de hecho y para una serie de condiciones de hecho se establezca tal o cual consecuencia jurídicamente reglada.

Pues bien, yo necesito tener las propiedades relevantes del caso para saber si en él se aplica una norma que recoge precisamente esas propiedades. Entonces, me da la impresión que la estrategia especificacionista en este punto nos pone el carro delante de los bueyes, por así decirlo.

El segundo punto específico tiene que ver con lo siguiente: la estrategia especificacionista, insiste José Juan una y otra vez, supone que la generalización que el especificacionismo permite —y a la que da lugar— es siempre relativa a un caso, pero no estoy tan seguro de que esto sea muy distinto de la proporcionalidad alexiana y su ponderación. José Juan dijo en su ponencia algo como: «Claro, después de la ponderación Alexy dice explícitamente que del principio o de la ponderación entre principios se obtiene una regla y de esa regla se puede inferir, a través de la subsunción, la conclusión sobre lo que hay que hacer, sobre lo que esta jurídicamente justificado. Pero José Juan añadía que estas reglas parecen *ad hoc*, en el sentido de que uno siempre puede incluir consideraciones adicionales que cambian el resultado de la ponderación y, por ende, cuál es la regla que se supone que rige el caso y de la que podríamos inferir la solución puntual. Yo diría que no estoy muy seguro del modo en que la estrategia especificacionista evita efectivamente esta consecuencia porque, de vuelta, la especificación puede exigirme montones de consideraciones adicionalmente relevantes en una tendencia que quizá sea hasta el infinito.

El tercer y último punto de detalle —otro de los puntos en los que José Juan objeta la ponderación alexiana— concierne al establecimiento de prelaciones o jerarquías entre derechos en abstracto: no sé cuán familiarizados están con los textos de José Juan, pero es fácil saber que él suscribe una forma mínima de esta objetividad valorativa. José Juan piensa sobre cuestiones valorativas, cuestiones normativas en las que hay un mínimo de objetividad: no es una cuestión de meras opiniones que pueda solventarse con la idea de que mi opinión vale tanto como la tuya y como la de cualquier otra persona. Hay cierto margen de objetividad, y esto es lo que hace que, por ejemplo, José Juan no discrepe con Alexy cuando sostiene que la infracción a un derecho puede ser catalogada como leve, moderada o grave, dado que, al menos para ciertos casos, tiene perfecto sentido y es correcto valorativamente decir que la afectación fue leve, moderada o grave.

Podemos discrepar en el detalle de cuán grave o leve es, pero esta tripartición tiene sentido para José Juan y para Alexy. José Juan no le disputa esto a Alexy pero sí le discute la posibilidad de formular una especie de jerarquización en abstracto. Yo diría que, si el objetivismo valorativo es cierto y al menos su versión de la estrategia especificacionista presupone esa forma, aunque sea mínima, de objetivismo, ¿por qué exactamente sería imposible la aproximada jerarquización en abstracto? Esto es una invitación a desarrollar la idea: si el objetivismo es mínimamente aplicable en el campo valorativo, entonces tiene sentido afirmar que, aproximadamente y en abstracto, puede ofrecerse alguna jerarquización moderada.